아흔의 잠언

당신이 하나님을 더 깊이 알아 가고 더 널리 알리는 사람이 되는 것, 이 책에 담긴 예수전도단의 마음입니다. 말씀을 통해 저자가 깨닫고, 원고를 통해 저희가 누릴 수 있었던 그 감동이 책을 통해 당신에게도 전해지기 원합니다. 그리고 당신을 통해 그 기쁨과 은혜가 더 많은 이들에게 계속해서 흘러가기를 기도하겠습니다. 이 책을 통해 당신이 받은 은혜를 다른 분들에게도 나눠 주십시오. 사랑하고 축복합니다.

© 방관덕, 2016

본 저작물의 저작권은 도서출판 예수전도단에 있습니다.
저작권법에 의해 보호받는 저작물이므로 무단 전재와 복제를 금합니다.

아홉의 잠언

방관덕 散文詩集

와웸퍼블

추천사

내가 아는 방관덕 목사님은 젊은 날 오로지 신앙의 자유 하나만을 찾기 위해 죽음의 38선을 건너와 굶고 헐벗어도 '오로지 믿음으로 살리라'를 외치며 복음을 향한 외길 인생을 살아온 분입니다. 무의무탁(無依無托)한 좌절과 절망의 골짜기에서도 맨손으로 삶을 일구고 주경야독(晝耕夜讀)으로 공부를 놓지 않는 열정을 가진 목회자입니다.

방 목사님은 온 민족이 난민(難民)이 되어 헤매고 한국전쟁의 포성(砲聲)이 들릴 때 목회자로 부르심을 받았습니다. 그 이후로 오직 하나님을 향한 충성을 목표로 한 좋은 청지기였습니다.

이런 인생을 살아온 방관덕 목사님이 은총의 아흔 고개를 맞아 자신의 파란만장한 삶에서 누렸던 하나님의 은총을 '시'로 정리했다는 것이 감동스럽습니다.

의인은 늙어도 여전히 결실하며 진액이 풍족하고 빛이 청청하여 여호와의 정직하심을 나타낸다는 말씀이 있습니다(시 92:14-15). 이 시집에는 아흔의 인생을 사는 동안 무르익은 신앙과 인격, 풍부한 경험이 농축된 시들이 담겨 있습니다. 이 시야말로 우리에게 인생의 지침이자, 교과서가 될 것이라 믿어 의심치 않습니다.

림인식_노량진교회 원로목사, 예장 통합 증경총회장

방관덕 목사님은 일제 강점기 동안 나라를 잃은 아픔으로 청년기를 보냈으며 해방을 맞은 기쁨도 잠시 공산주의의 탄압을 피해 남쪽으로 내려오셨습니다. 한국전쟁 중에는 동족상쟁의 현장을 직접 몸으로 겪었고 이후 산업화와 민주화라는 우리 민족과 교회가 걸어온 역사의 격동기를 사셨습니다. 그리고 이런 역사의 격랑기 속에서도 흔들리지 않고 오롯이 목회의 길을 걸었습니다.

목사님은 온유한 인품의 소유자로 후배 목회자들에게 언제나 존경을 받으셨습니다. 아흔을 맞이해 평생을 달려온 인생길에서 얻은 지혜와 감회를 시로 승화시켜 표현하심이 귀합니다. 이 시집을 읽는 모든 이들이 주님 안에서 위안을 누리고 용기와 희망을 얻게 되리라 믿습니다.

서정운_장로회신학대학교 전 총장

방관덕 목사님은 많은 책을 번역하고 주해 설교집을 저술해 한국 교회와 신학의 발전에 큰 공헌을 한 학자입니다. 또한 넓은 인격적 도량으로 많은 목회자들에게 본이 되었고, 상처입은 성도들을 따뜻하게 품어준 목회자입니다. 어두운 역사 앞에 민족의 회개와 소망을 역설했던 에스라처럼, 방 목사님은 학자적 예리함과 목회자적 따뜻함을 함께 겸비하신 분이십니다. 그래서 방 목사님의 시는 날카로우면서도 따뜻합니다.

특별히 '모순'이라는 시를 통해 받은 감동은 세월이 흘렀지만 지금도 잊히지 않습니다. 질곡의 현대사를 몸소 경험했기에 교회와 시대를 향한 질정(叱正)의 목소리를 높이는 동시에 소외되고 상한 심령을 향한 예수님의 따뜻한 마음을 품고 있습니다. 이러한 영성은 시에도 그대로 드러납니다. 목사님의 영성과 시가 방향을 잃고 흔들리는 한국 교회에 하나님의 음성을 대언하는 귀한 통로가 될 것이라 믿습니다. 그렇기 때문에 이번에 출간된 시집 『아흔의 잠언』에 대한 기대가 그 어느 때보다 큽니다. 다윗이 남긴 아름다운 시(詩)들이 수천 년 동안 성도들의 가슴에 메아리치듯이 방 목사님의 시는 우리와 다음 세대의 가슴에 대대로 하늘의 깊은 울림을 선사할 것입니다. 사랑하고 존경하는 방 목사님의 시집을 허락하신 하나님께 감사하며 성도 여러분들께 이 책을 적극 추천합니다.

김창인 목사_광성교회 원로목사, 예장 통합 증경총회장

방관덕 목사님께서 산문시집 『아흔의 잠언』을 출간하셨다는 소식에 저는 기대함과 동시에 마음이 설렙니다. 방관덕 원로목사님은 영성과 지성과 덕성을 골고루 갖춘 훌륭한 목회자요, 그 성품이 많은 사람들을 포용하는 교계의 탁월한 지도자들 중 한 분이십니다.

이 시집에는 방 목사님의 높은 신학적 소양과 문학적 소양이 고스란히 담겨 전해집니다. 이 시들을 찬찬히 음미하다 보면 인간의 영혼을 사랑하고 구원에 이르도록 일깨우고자 하는 목사님의 열정과 의지와 용기를 만날 수 있을 것입니다.

한국 교계의 신학자들과 교역자들, 그리고 성도들 모두 이 책을 통해 인간 삶과 영혼에 대한 큰 길잡이를 만날 것이라 생각합니다. 마지막으로 인생과 자연을 향한 무르익은 사랑을 담은 방 목사님의 시집 발간을 진심으로 축하드립니다.

손인웅 목사_덕수교회 원로목사, 실천신학대학원대학교 총장

옛날 제가 살던 시골 마을에서는 새벽 닭 울음소리에 모두 잠에서 깨어나 하루를 시작하곤 했습니다. 예수님을 모른다고 부인하던 베드로도 닭 울음소리를 듣고 자신의 잘못을 깨달아 회개의 눈물을 흘렸습니다. 오늘 우리가 살고 있는 이 시대에 진정으로 필요한 것은 우리를 영적인 잠에서 깨우고 우리의 언행을 다시 한 번 되돌아보게 하는 신앙의 닭 울음소리가 아닐까 생각해 봅니다. 목사님의 글을 하나하나 읽을 때마다 제 마음속 깊은 곳에서 닭 울음소리가 들려오는 듯합니다.

제가 서울에 올라왔을 때 목사님은 송학대교회를 섬기고 계셨습니다. 저는 그때 당시 송학대교회 부흥회에 여러 번 참석해 은혜를 많이 받았습니다. 이후에도 목사님의 책과 설교가 제게는 아주 큰 도움이 되었습니다.

방관덕 목사님은 한국 교회 목회자들의 대선배이자 성도들이 존경하는 모범적인 목회자이십니다. 구순의 고개 위에서 들려주시는 신앙의 정수와 삶의 지혜가 때로는 우리를 부끄럽게 합니다. 또 등대와 같이 우리가 가야할 길을 비추어 주는 듯합니다. 마치 오랜 가뭄 끝에 내리는 장맛비와 같이 목사님의 글 하나하나 단어 하나하나가 우리의 영혼을 촉촉이 적십니다. 귀한 시집을 저술하신 목사님의 노고에 깊이 감사드리며 진심어린 마음으로 이 책을 여러분들에게 추천 드립니다.

김삼환_명성교회 원로목사, 예장 통합 증경총회장

괴테는 '내가 시를 쓰는 것이 아니라 시가 나를 쓰게 했다'고 고백했습니다. 시인이 시를 창작하는 것이 아니라 시가 사람을 시인되게 한다는 말일 것입니다. 방 목사님은 메마른 인생길에서도 야성과 지성과 영성으로 목회하신 한국 교회의 어른이자 지팡이며, 양무리의 아버지와 같은 분입니다.

방 목사님의 시는 시학의 장르에서 볼 수 없는 다윗의 시편 같은 영감이요, 교훈이요, 신앙고백이요, 위대한 예언과 가르침의 메시지로 메타포를 이루고 있습니다.

'봄'이라는 제목의 시에서 시인의 에스프리(esprit, 영감)는 '하나님은 자연이라는 피조물을 통해 순종과 자기 버림으로 세상을 아름답게 구원하고 계시다'는 것으로 나타납니다. 그러나 인간이 창조의 궤도를 벗어나 이 아름다운 세상을 반역하고 있음을 안타까움으로 탄식하고 있습니다.

하나님은 세상을 심판하실 때 어른을 이 땅에서 데려가겠다고 말씀하십니다(삼상 2:30-31). 어른이 없는 세상은 배울 것이 없는 세상입니다. 그래서 청빈과 겸손함을 가지고 교회를 사랑하며 영혼 구원의 심장을 가진 방관덕 목사님이 살아 계시다는 것은 우리의 복입니다. 이번에 출간한 시집 『아흔의 잠언』이 한국 그리스도인들이 읽는 교훈으로, 자녀들이 배우는 인생 교과서로 널리 읽히기를 진심으로 바라며 이 책을 추천합니다.

고훈_안산제일교회 담임목사, 시인

시는 사람의 인생을 언어로 그려낸 그림과 같습니다. 하나님의 부르심을 받고 복음의 전달자로서의 사명을 감당하며 평생을 살아오신 방관덕 목사님의 시집, 『아흔의 잠언』은 목사님의 인생 여정의 매 순간들을 그대로 화폭에 옮겨놓은 아름다운 작품집입니다. 한 편, 한 편을 대할 때마다 입에서 읽어지는 것이 아니라 눈에서 그려집니다. 머리로 생각하는 것이 아니라 마음으로 음미하게 됩니다. 깊이가 있으면서도 간결하고 절제된 언어로 시인의 삶 속에 담긴 영성과 지혜가 '잠언' 말씀처럼 풍성하게 드러납니다. 또한 하나님을 멀리하며 영적으로 타락해가는 이 세대를 향한 안타까운 마음과 회복에 대한 소망이 담겨 있습니다.

이 시집을 영적 분별력이 필요한 이 시대를 살아가는 하나님의 사람들에게 추천합니다. 복음에서 멀어지고 세속적인 욕망에 순응하고 살아가는 이 시대에 영적 분별력을 얻고, 영성을 더 풍성하게 하는 영적 자양분이 될 것입니다.

이철신_영락교회 담임목사

방관덕 목사님은 신약성경 전권의 주해서를 쓴 한국교회에 몇 분 되지 않는 성경 주석가입니다. 그런 목사님께서 이번에는 그동안 쓰신 시를 모아 시집을 펴내고 영감 넘치는 시를 후배 목회자들에게 남겨주시니 송학대교회의 자랑이요 기쁨입니다.

　방관덕 목사님은 늘 시를 읊으며 심경을 표현하실 만큼 시를 사랑하는 분이셨습니다. 『아흔의 잠언』을 일독하니 책 제목 그대로 아흔의 인생길에 들어서야만 깨달을 수 있는 지혜가 가득 담겨 있습니다. 일제 강점기와 해방, 한국전쟁과 보릿고개까지 그 파란만장한 세월을 오로지 신앙으로 극복한 흔적이 뚜렷했습니다. 그러한 체험이 아름다운 시적 언어가 되어 열매 맺고 추수하게 된 것 같습니다.

　이 책에 담긴 시에서 시인은 각각의 제목처럼 자연과 인생과 믿음을 특유의 소박한 표현으로 노래하고 있습니다. 그리고 하나님을 사랑하고 교회와 나라를 사랑하며 가족과 이웃을 향한 절절한 사랑을 담고 있습니다. 이 시집을 통해 이 시대 그리스도인들에게 꼭 필요한 지혜를 발견할 수 있을 것입니다.

정동락_송학대교회 담임목사

차례

추천사 • 4
시인의 말 • 14

생명을 노래하다

새싹 • 18 | 봄 • 21 | 꽃 • 25 | 여름 바다 • 29 | 가을이 오네 • 32 | 가을 한복판에서 • 35 | 자연을 스승으로 • 38 | 자연과 함께 살리라 • 41 | 물 같은 인생으로 • 43 | 아름다움 • 49 | 의의 태양 • 51 | 하늘 땅 바다 • 58

인생을 노래하다 I

닭소리 • 68 | 인생 • 71 | 부모님 전상서 • 78 | 눈물 • 83 | 돈 • 89 | 굴러가는 인생 • 93 | 세월아 갈 테면 가라 • 96 | 부부 • 98 | 황혼 길에서 • 103 | 고장 난 인생 • 106 | 부모 마음 • 110 | 백발의 미인 • 113 | 쓰레기 • 117 | 아내의 모습을 바라보며 • 120 | 외기러기 • 130 | 노래처럼 살아요 • 133 | 웃음 • 137 | 노래가 주는 의미 • 141 | 신령한 노래 • 142 | 잠언 • 144 | 고향 • 150 | 아름다운 사람이란 • 157 | 웃는 얼굴 • 160 | 인생의 장마 • 162 | 양심이 아름다워 • 166 | 행운아와 불행아 • 169

3부
인생을 노래하다 II

마음 • 174 | 당신을 기다리며 • 177 | 인생의 내리막길 • 178 | 인생의 오르막길 • 184 | 어제, 오늘, 내일 • 189 | 거울을 보며 • 191 | 인내 • 195 | 회고 • 198 | 늙은 젊은이 • 200 | 꿈 • 202 | 새 것을 찾는 사람들에게 • 204 | 세 발 인생 • 208 | 인생을 둥글게 • 213 | 새로운 인생이 그리워요 • 216 | 인생이라는 훈련 • 222 | 아흔의 고개 마루에서 • 224

4부
믿음을 노래하다

인간의 생명 • 228 | 타락에서 회복으로 • 234 | 지하철 • 239 | 신앙시조 • 244 | 나사 풀린 세상 • 248 | 엇 박자 인생의 고민을 풀다 • 251 | 말씀에서 멀어진 교회들 • 254 | 기도 인생 • 260 | 십자가 • 267 | 종교 철학의 길 • 270 | 변하는 세상, 변치않는 진리를 찾아 • 274 | 십자가의 복음 • 279 | 욕심의 구름을 날려 버리라 • 283 | 본향길 찾아가는 석양 길 나그네 • 288 | 배우는 인생 • 290

에필로그 • 295

시인의 말

　해방의 기쁨도 잠시였습니다. 한반도 북쪽을 점령한 공산주의자들이 믿는 자들을 억압하기 시작했기 때문입니다. 그래서 부모, 형제와 고향 산천을 뒤로 하고 신앙의 자유를 찾아 아내와 함께 38선을 넘어 서울로 온 지 어느덧 70년의 세월이 흘렀습니다.

　아무도 의지할 데 없는 젊은이의 삶은 막막하기만 했습니다. 그러나 하나님을 향한 믿음으로 어떤 일도 마다하지 않고 닥치는 대로 했습니다. 낮에는 노동하며 밤에는 대학에서 공부를 하는 고학생 생활을 했습니다. 삶이 아무리 고되어도 포기하지 않았습니다. 부모님의 손에 이끌려 주일학교를 다니면서 한 영혼을 구원하는 일의 소중함을 알고 목사가 되겠다고 결단했고, 이런 결심이 모든 어려움을 이길 수 있는 원동력이 되었습니다. 한국 전쟁 때도 마찬가지였습니다. 제주도에서의 피난 생활 중 육군 제1훈련소 장성칠 목사님의 추천으로 군목으로 근무를 했고 휴전이 된 후 다시 서울에서 학업을 계속 할 수 있었습니다. 대학을 졸업한 후 장로회신학교에서 신학을 본격적으로 공부했고, 꿈에 그리던 목사가 되었습니다. 그리고 목회 중 미국 유학도 다녀오게 하시고 45년간의 목회를 마치고 은퇴할 수 있었던 것은 전적으로 하나님의 은혜였습니다.

　평소 시를 쓰는 것을 즐겨하고 좋아했습니다. 그래서 목회를 은퇴한 후에도 꾸준히 시를 쓰곤 했습니다. 특히 일흔과 여든의 고개를 넘어 아흔에 이르면서 잠이 오지 않는 밤이면 그동안의 경험을 통해 느낀 자연과 인생 그리고 나라를 생각하며 시를 썼습니다. 허화시虛華市 같은 세상에서 유물주의와 인본주의에 빠져 영적 세계를 모르고 오만불손하게 사는 인생들을 바라볼 때 너무 안타까웠습니다. 그리고 영적으로 잠들어 있는 저들을 깨울 수 있다면 무엇이든 하겠다는 희망으로 마음이 끓어오르는 대로 서정시부터 서사시까지 때로는 시조처럼 때로는 수필처럼 쓴 것이 인생시가 되었습니다.

평생을 함께해준 아내 김병옥 사모와 출간의 기쁨을 나누고자 합니다. 그리고 이 시집이 나오기까지 응원해준 송학대교회 성도들과 원고를 정리해준 서동실 양, 그리고 출판을 맡아주신 도서출판 예수전도단 정양호 사장에게 감사를 드립니다.

마지막으로 이 시를 나누며 시집을 읽는 모든 독자들과 함께 하나님을 높여드리길 원합니다.

2016년 10월
방관덕

1부

생명을 노래하다

아·흔·의·잠·언

새싹

아! 벌써
파란 새싹이
대지大地의 이불을 헤집고
얼굴을 살며시

산에 들에 꽃나무들은
봉오리들이 통통 부풀어
웃음을 터트릴 경쟁을 하고 있네

죽은 듯
앙상했던 나무 가지엔
지난 밤 살짝 뿌리고 간 빗줄기에
잠에서 부시시 깨어난
잎눈이 세상을 내다보네
모두가 새로운 세계를 만들어 보려고
희망의 포부를 터트릴 준비하네

사랑하는 새싹들이여!
잠에서 깨어나
자학과 부정의 망상에서 깨어나
자연의 새싹들을 응시하며
호흡을 같이 해봄이 어떨까

내일에 펼쳐질 무지개 꿈을 향해
도전하는 자만이
정상에 설 수 있지

팔딱거리는
피가 식기 전에
이마에 맺힌 땀방울이
옥구슬로 변하기까지
눈 내린 청사에
반짝이는 발자취를 남겨보렴

꿈만 있다면
두려울 것이 무엇이랴
마른 땅에 샘물이 터지고
가시나무에
꽃이 피고 열매 맺는 날이
언젠가는
그 언젠가는
오리니

봄

싸늘한 하품으로 하늘을 차갑게 하고
땅을 꽁꽁 얼어붙게 하던 동장군이 지나가 버리니
봄 아가씨가 함박웃음을 지으며 찾아왔네
아가씨의 따스하고 부드러운 손길로
대지를 어루만지니 만물이 활기차게 소생하는구나
계곡 얼어붙었던 물이 얼음장 밑에서 소리치며
노래를 부르는구나

채뚝과 들판 변두리에는
냉이 쑥 질경이 싹들이 파릇파릇한 얼굴을 내밀고
개나리 매화 산수화 진달래 철쭉 벚나무들은
하루가 다르게
꽃봉오리를 터트리네
동장군의 냉혹한 대접에 산마다 죽은 듯
떨고 있는 앙상한 나뭇가지엔
잎뽕들이 눈을 부릅뜨고 깨어나네

솟아오르고 피어나고 터트리고 새로 나온 파란 생명들이
지나가는 상춘객들을 반기네

성숙해 가는 봄처녀야
네 모습이
세상을 아름답게 꾸며 가는구나

만물의 영장이라 자랑하는 인간들은
이성을 잃고
궤도에서 벗어나 미아가 되어
서로 속이고 숨기고 빼앗고 싸우고 피흘리고
막가는 인생으로 추태를 부리며
세상을 온통 난장판으로 만들어 가는데

그대만은
어제나 오늘이나 변함없이

만물의 질서의 공도를 지키며
단정한 모습으로 수절을 뽐내는구나

광풍같이 불어오는 세상에서
상처받고 한숨짓는 나그네들이여
고개를 돌려
봄처녀를 응시해 봐요

만물의 생명을 해산하는 수고를 다하고
그 생명들을 따뜻한 품에 안고
하루하루 성장해 가는 모습에
웃고 노래하고 춤추지 않는가
우리도 그 판에 앉아
세상 고생 잠시 잊고 희락을 음미해 보세

고깃덩이 하나를 놓고

껍데기 인생끼리 맞붙어 싸우는 우매자들아
봄처녀의 숭고한 질서 앞에
부끄럽지 않은가

조물주의 형상을 닮은
존귀한 영장이라면
반성하며 체면 좀 지켜줄 순 없는가

한스럽게도 허욕에 눈이 멀어
아직도
헛발질에 여념이 없네
계절의 여왕
순진 무흠한 봄 처녀가
뒤돌아서기 전에
박수치며 찬양을 보내고 싶네

꽃

우아!
꽃이 피었네
매화꽃이 선두에서 피더니
사철꽃 벚꽃 진달래 철쭉

뒷동산 과수원엔
복숭아꽃 살구꽃 사과꽃 배꽃
각종 다양한 꽃들이 피었네

공원 잔디밭에도
도시 한복판 좌우 가로수 아래도
산자락 들녘에도
험하고 높은 산마루에도
깊은 골짝 계곡에도

분홍꽃 빨간꽃 노란꽃 하얀꽃 파란꽃

큰 꽃 작은 꽃
나무에 핀 꽃 넝쿨에 핀 꽃 화단에 핀 꽃 화분에 핀 꽃
이름 모를 수천 가지의 꽃들이
두루 사철 예쁜 꽃들이
활짝 웃고 있네
대지의 화단을 멋지게 장식하네

꽃만 보면
절로 절로 입꼬리가 올라가고
얼굴에 웃음이 만발하고
야! 하고
감탄의 소리가 허공을 치네

관광객들 마음에도 꽃이 피고
얼굴에도 꽃이 피고
삶의 울타리에도 꽃이 피었네

행복의 절정에 선
신랑 신부의 가슴에도 꽃이 피고
대학을 졸업한 학생들 가슴에도 꽃이 피고
사업에 성공한 사장의 가슴에도 꽃이 피고
고인의 영정 사진 주위에도 꽃이 피었네

아! 꽃은
미와 행복과 희락과 위로와
축복을 대변하는 천사인가 봐

만인의 찬양받는 아름다운 천사들
보고 또 보아도 더 보고 싶은
울적한 기분을 날려 버리고
눈물을 거둬 주는 위로의 천사
아름다운 감격이
가슴 깊숙이 스며드네

우리네 인생들도
저 꽃처럼 아름다웠으면
향기까지 날린다면
세상에는 미움도 분노도
눈물의 골짜기도
아골 골짜기의 비극도
전쟁의 아픔과 쓰라림도
없었을 것을

한번 꽃 같이 피워 볼까요
잠시 피었다 지더라도

여름 바다

여름이 오면
바다가 저절로 생각난다
많은 사람의 생각도
나와 다르지 않으리

바닷가에 서서
멀리 수평선을 바라본다
마음이 바다처럼 넓어지네
시원한 바닷바람은
내 얼굴의 땀방울을 시원하게 씻어주며 떠나가고
밀려오는 파도는
어서 내 품에 들어와 세속의 때를 씻고
헤엄치며 즐기라고 손짓하네
밀려갔다 밀려오는 삼형제들은
한순간도 멈추지 않고 넘실넘실 왈츠를 추며
나를 안아 올렸다 내렸다 하네

너 때문에 세상의 시름을 잠시 잊는다
찌든 세속의 앙금을 씻어 버리고
내일을 새롭게 출발하련다

바다야 노하지 말아요
파도치며 울부짖으며 거품을 토하지 말아요
사람들이 무서워 도망가요
일엽편주—葉片舟에 탄 어부들도 덜덜 떨어요
불안과 공포는 멀리 떠나보내고
햇빛과 벗이 되어
미풍과 손을 잡고
명랑하게 찰싹찰싹 박수치고 노래하며
순하고 평안한 얼굴만 보여줘요

많은 사람이 그대를 반기리니

잘 있어요

명년明年 이맘때

다시 만날 때까지

가을이 오네

가을이 오는 소리가
바람소리에 전해지네
매미의 합창이 끊어지고
귀뚜라미의 구슬픈 소리로 들려오네

가을이 오는 것이 보이네
들녘에
고개 숙인 벼 이삭에서
우리 마을 가로수
울긋불긋한 단풍에서
추수를 준비하는 농부들의 미소에서

가을이 오나 했는데
하룻밤 찬서리에
한 잎 두 잎
바람에 휘날리는 낙엽에서

인생의 가을이 생각나네
평생 거둔 열매를 보며
웃으려 했는데
어느덧 태양이 고개를 넘어가네

자연의 푸른 청춘이
찬서리가 업고 온 냉정한 가을바람에
힘없이 머리를 떨어트리더니
얼굴색이 노랗게 변했네
세월엔
인생이나 자연이나 녹아내리나 봐

설악산 대청봉에
퇴색된 청춘이
붉은 옷으로 갈아입더니
바쁜 세상 허둥대는 동안

천산만악千山萬嶽을 뛰어넘으며
수리산 자락
가로수까지
붉은 옷을 입고 나타났네

세상이 온통 울긋불긋
최후로 쏟아내는
가을 영광의 황홀에 빠졌네

붉은 열정의 단풍에
가을의 영광을 새기며
황혼 길 나그네의 가슴에도
감동의 잔물결이
일어나네

가을 한복판에서

저 푸른 하늘에
솜구름 여기저기 두리둥실
바람 날개 타고
어디로 여행 가나
세상사 무심한 그대
부럽기만 하네
기왕이면 내 인생의 고뇌도
함께 싣고 가렴

티끌이 맴돌아 휘날리는 신작로 길가 코스모스
무엇이 좋아 한들한들 미소 짓나
늘 함께 늙어가는 언덕 위의 들국화
시골 처녀 소박한 웃음처럼 수줍어하네
세속의 구린내를 조금이라도 날려 버리려 하는가

황금빛 들녘에

알찬 벼이삭
머리를 조아리며
조물주와 농부에게 감사 올리네

아! 가을의 숨소리가
무지하고 메마른 인생들의 심금을 울린다

멀고 가까운
높고 낮은 봉우리마다
겹겹이 구불구불 뻗어 내린 능선마다
오색찬란한 단풍으로 옷을 갈아입고
울긋불긋 눈부시게 단장했네
계절의 마술사여
세월이 물 흐르듯 흘러가는 사이
어쩌면 네 솜씨 그렇게도 신비로운가

어제의 청산이 오늘은 단풍 되어

석양에 더욱 아름답게 빛나네

황혼 길 가는 가을 나그네

백발의 면류관이

낙조에 더욱 빛났으면

가을 한복판에 서서

아직도 뛰는 심장을 어루만지며

꿈을 그려 본다

자연을 스승으로

산자락 과수원엔 꽃들이 활짝 피었네
벌, 나비 꽃을 찾아 날아들고
꽃들은 웃음으로 반기네
벌은 이 꽃 저 꽃으로
꿀 따느라 분주하고
벌과 나비의 중매로 열매를 잉태하느라
꽃은 기뻐하네

뜻있는 사람들이 땀 흘려
민둥산에 심은 나무는
세월을 따라 함께 자라
무성한 잎을 피워 산소를 뿜어 인간들을 살리네
자연은 상생의 원리를 정직히 지키건만
인생들은
왜 자기만 살고자 잔머리를 굴리는가

자본을 가진 사람들은

일터를 만들고

서민들은 일터에서 성실히 일하며

땀 흘려 번 돈으로

피차 삶의 꽃을 피우며

행복의 열매를 따먹을 터인데

욕심의 분수가 터지고 솟아올라

상생의 도는 무너지고

망도의 평행선을 달리는 기적소리만 요란하네

금뱃지 단 선량들은

권력의 꽃에 매혹되어

탐욕의 침을 흘리고 있네

꿈은 가지되 이성의 정도에서 벗어나진 말아요

대한민국이 나의 조국이라면
천하만국을 덮을 큰 나무로 키우기 위해
모두 전우 의식을 공통 분모로 삼고
국리민복國利民福을 위해 충성을 다해 봐요
그저 누가 누가 잘하나
애국 경쟁자로 이성의 불을 밝히고
행동하는 양심으로 돌아와요

정치철학은
종교의 경전과 고전에서 배우고
상생의 실물 교수는
자연에서 받아요
모두가 사는 길이 열릴 터이니

자연과 함께 살리라

헝클어진 풀밭 오솔길
자연의 품으로 걸어간다
맑은 공기 시원한 바람이
나의 얼굴에 부드럽게 키스하고 지나가네
붉은 태양도 붉은 노을 뒤에 숨어 윙크하며
따사로운 기운으로 축복하네
이름 모를 들꽃들이
여기저기 방실방실 나를 반기고
노랑나비 하늘하늘 춤추며
꽃 찾는 바쁜 길에도 환영의 인사를 하는구나
아! 자연의 신비로운 맛
가슴엔 희락의 잔물결이 일어나고
입가엔 웃음꽃이 저절로 피어오른다

저 멀리
푸른 우거진 산림이 나에게 손짓하고

산새들과 벌레들의 아름다운 합창 소리
벽계수 흐르는 반주 소리
나뭇가지에 부는 청풍의 피리 소리에
청산이 온통 춤을 추누나

자연의 품으로 들어와 보소
복잡한 생각 무거운 마음이
벽공에 흰구름처럼 날아가 버리고
인생의 한시름이 안개처럼 사라져 간다
아, 자연!
나의 순박한 친구야
그대 말이 없어도
정직한 네 모습에 매혹되어
나 항상 그대와 함께 대화하며 살아가리

물 같은 인생으로

물은
조물주가 천지 만물을 창조할 때
세 번째로 지음 받은 피조물
그때부터
흐르는 곳마다 온갖 생명이 살아나는
생명의 근원이 되었소
산에 흐르면 초목이 살고
논에 흐르면 벼가 살고
하늘에서 내린 물이 밭에 스며들면 수많은 잡곡이 소출되오
우물을 파서 끌어올리면
한마을 사람들이 마시고 살아요

우주에 무수한 별이 반짝이지만
물이 있다는 별은 아직 찾아내지 못했네
물이 없으니 생명체도 발견되지 못했다오
오직 지구상에만 물이 있어

태초부터 물은 만물의 생명의 어머니라오

나도 물과 같이
가는 곳마다 죽어가는 많은 생명들을 살리는
복음의 생수가 되어 살고 싶소

물은 위로부터 아래로 흘러가네
절대로 거스르는 법이 없지
흘러가며 많은 바위와 돌에 부딪치지만
대적하며 싸우지 않네
아파하는 것보다 노래하네
요리조리 비켜 흐르며
앞을 막으면
호수를 만들고
절벽에서 내리뛰면
폭포를 만들어 절경을 이루네

막대로 때리면 깨졌다 다시 붙고
돌을 던지면
꿀꺽 삼키는 순간 침은 튀지만
둥근 무늬만 그릴 뿐이네
둥근못에 흘러 들어가면 둥글게 되고
네모난 수영장에서는 네모꼴이 되네
내 인생도 물과 같이
진리에 순종하며
소리 없이 겸손히 순리대로 살고 싶네

물은 흘러흘러 어디로 가나
빗방울 하나하나가 모여 도랑을 이루고
도랑물이 모여 개천을 이루고
개천물이 모여 강을 이루고
강물이 모여 어깨동무하고 바다로 가네

바다는 넓은 마음으로
더러운 물 깨끗한 물 가리지 않고 다 받아주네
다 함께 화합하고 동지가 되어 힘을 합해
크고 작은 배들을 띄우며
세계 어느 대륙 어느 항구든지 갈 수 있도록 길을 열어주네

나도 하나의 빗방울이 되어
다른 빗방울과 모이고 또 모여
바다와 같은 국가를 이루고
바다와 같은 넓은 마음을 갖고
관용하고 화합하고 힘을 합하여
오천만의 승객을 태운 대한민국을
받들어 올려
온 세상이 앙망하는
이상국가가 되었으면 하네

물은 동력의 모체라오
물의 힘으로 전력을 생산하여 세상을 밝히고
전력의 힘으로 기계가 돌아가고
공산품, 생활용품, 식료품 기타 많은 상품들을 생산해 내며
21세기 문명사회를 만들어가네

나는 물과 성령으로 거듭난
하나님이 주신 믿음의 동력이 되어
빛의 사명을 다하여
영적으로 어두운 세상을 밝히고
사망길로 가는 사람들을 생명길로 돌이키는 길잡이가 되어
하늘로부터 내려온 생명의 양식을 배달하며
영적 윤리적 의로운 사회를 만들어가고 싶네

물은 정결케 하네
먼지 펄펄 나는 거리도

물차가 물 뿌리고 지나가면 깨끗해지고
땀 흘리고 때묻은 몸도
물로 씻으면 정결해지고
더러운 옷도 물로 세탁하면
새 옷이 되네

나도 성령과 합한 말씀의 물이 되어
죄로 물든 더러운 세상을
한 모퉁이라도 세탁하고 싶네
모든 사람들이
물 같은 정신을 갖고 산다면
눈 부릅뜨고 화내지 않고 싸움 없는
세상이 될 터인데
나만이라도
물 같은 인생으로 살고 싶어요

아름다움

꽃은 보고 또 보아도 아름다워
작은 꽃 큰 꽃
붉은색 하얀색 노란색 연분홍색 보라색
수백 수천 가지 있지만
하나하나 특색 있게 아름다워
꺾어 한아름 안고 싶은 충동이 물결치네

꽃은
인생의 기쁜 날에
축하의 기쁨을 더해주고
초상집 슬픈 가정엔
위로로 눈물을 달래주네

꽃을 보는 사람마다
얼굴엔 미소가 피어나고
마음엔 즐거움이 솟아나네

꽃다발은
승리자의 가슴에 영광을 안겨주네
꽃향기는 지나가는 길손에게 상쾌한 기분을 선사하고
벌 나비는 춤추며 달려와 포옹하며 키스하네

꽃은 피었다 지는 날이 오지만
꿀과 열매의 선물을 남기고
씨앗을 남겨
내일의 소망을 약속하네

꽃!
만인이 사랑하고 예뻐하는
조물주의 웃음인가 봐
홍진紅塵 세상을 아름답게 장식하고
괴로운 인생길에
잠시 걸음을 멈추고 웃음을 날리네

의의 태양

Ⅰ

동쪽 하늘이 열려 태양이 떠오르면
대지는 밝아오고
어둠에 움츠려 있던 만물들이
생명의 기지개를 펴고
의와 선의 활동도 활발해지네

태양이 서쪽 하늘 수평선으로 숨어들면
어둠은 세상을 덮어 버리고
밤하늘엔 달빛이 교교하고
별빛이 은모래를 뿌린 듯 찬란하나
어둠을 벗기지 못하고
문명의 꽃인 전깃불이 힘껏 빛을 발하나
어둠에 쌓여
힘없이 졸고 있네

광명을 잃어버린 세상엔

온갖 죄악이 난무하네

돈에 돈 사람들이

양심은 뽑아 던져 버리고

도깨비 감투를 얼굴까지 내려쓰고

부모 자식 남편 아내 형제 자매 친구 스승도 몰라보고

상식과 상상을 넘어

잔혹한 죄악을 범하고 있네

죄악에 모질게 밟힌 사람들의 비명이

밤의 적막을 깨트리네

자연의 태양이 뜨고 지는 사이

인생의 삶은

흑과 백 간에 희비고락喜悲苦樂이 교차되네

그래도 인생을 절망하지 말아요

Ⅱ

세상엔
의의 태양이 또 하나 있지
영원 전부터 영원 후까지
뜨고 지는 일 없이
천지를 밝히고 있네

많은 사람들이
심령의 눈과 귀가 어두워져
보고도 보지 못하고
들어도 깨닫지 못하여
무지와 우매가
의의 태양을 인식치 못했을 뿐이라오

영의 잠에서 깨어난 사람이라면

의의 태양을 바라볼 수 있고
그의 음성을 들을 수 있지
의의 태양은
인격과 신격을 겸비한
이천 년 전 이스라엘 땅에
신비롭게 탄생한
그리스도 예수라오

역사의 흐름을 거슬러 올라가 보면
성자들이 밝힌 빛도 있었지만
죄악 길에서
사망의 낭떠러지로 추락하는 인생들을
구원해내는 데는 역부족이었소

그러나 의의 태양만은
십자가 위에서 보혈을 쏟아부어

인류의 죄를 홀로 지고 대속의 제물이 되었지

그것이 끝이 아니었네

죽은 지 삼일 만에 무덤에서 부활하여

만국백성에게

산 소망의 생명 빛이 되었다오

Ⅲ

이로써

예수 그리스도는

영원한 의의 태양으로 하늘과 땅 사이에

항상 떠 있는 빛이 되었소

마귀의 역도들도

이 역사적 사실을 지울 수 없을 거요

이제 누구든지 그분 앞에 나아가
생명의 말씀에 마음을 열고
믿고 따르면
새로운 인생으로 거듭나리니
밤에는 전등 빛이 되고
낮에는 그분의 빛을 받아 반사경의 빛이 되어
어둔 세상을 밝게 하며 살리라
그리고 언젠가 그날이 오면
죄악의 노예에서 해방되어
자유의 날개를 펴고 살다가
소망의 문으로 들어가
영생의 안식처에서
천사들과 더불어 찬송하며 춤을 추리라
지구촌 마을에 사는
코로 숨 쉬는 만민들이여

영생을 원하거든
의의 태양빛의 조명을 받아요
하늘이 열리고
기쁜 소식의 전화가 찌르릉 올 테니

하늘 땅 바다

\ I 하늘의 보고

푸른 하늘을 우러러보며
무수한 보물들을 생각해 본다
하늘엔
매일 아침 동쪽으로부터 태양이란 불덩이가 떠오른다
태초부터 지금까지
봄철에서 여름철까지는
하루 14시간 창공에 머물며
가을에서 겨울까지는
하루에 10시간씩
동쪽 수평선에서 서쪽 수평선에 잠입(潛入)할 때까지
지구를 비춰주네
그 빛의 보물 때문에
식물도 동물도 인생도 모든 생명이 살아가네
아! 하늘의 보물 큰 불덩어리 얼마나 감사한가

밤하늘을 우러르면

초생달 조각달 둥근달 이즈러지는 달이

어두운 하늘과 땅을 질서 있게 비춰주네

인생이 살아가는 과정을 아는 듯

타향살이 나그네들과 시인들의 정서를 자극하고

청춘 남녀의 애정을 속삭이는 뜨거운 가슴을

은근히 출렁거리게 하네

밤하늘엔

달뿐 아니라

다이아몬드를 뿌려 놓은 듯한 별들이 반짝이고 있네

검은 벨벳 처마에 박아 놓은 보석寶石같이 아름답네

별 중에도

북극성은

낙타를 타고 사막을 걷는 나그네에게

항해하는 선장에게

미지의 땅 심산유곡을 탐험하는 탐험가들에게
안내자가 되고
초저녁에 일찍 떴다 새벽녘에 늦게 지는 새벽별은
농부와 어부들에게 시간을 알려 주기도 하네
인생들을 무언으로 교훈하는 하늘의 보배들이 아닌가

하늘은
인간 문명을 꽃피운
전기의 원조가 되기도 하고
수많은 별똥들을 막아주는 방패가 되어
지구상의 뭇 생명들을 보호하고
비를 내려 가물어 메마른 땅을 적셔 윤택하게 하고
무지개를 공간에 매달아
인류에게 소망을 주고
시원한 바람 맑은 공기를 만들어

호흡하는 자의 생명을 살려 주네
겨울에는 흰 눈을 내려
어지러운 세계를 흰색으로 덮어 깨끗하게 하고
겨울 낭만을 즐기게 하네
하늘이 주는 무수한 보배로 말미암아
인생은 행복하게 되는 것을
아는가 모르는가

Ⅱ 땅의 보고

땅에는
높고 낮은 산봉우리들이 솟아있고
그 계곡 사이사이에는
벽계수가 노래를 부르며 흘러간다
모인 물들이 에메랄드 색깔의 호수를 이루어

지나가는 바람결에 잔물결이 일어나
햇빛을 싣고 반짝거리며 미소 짓네
산수가 어우르는 절경도 보물이 아닌가

산에는 나무들이 빽빽이 자라나
삼림을 이루고
산소를 무제한 뿜어내어
호흡하는 인생들과 많은 동물 생물들에게
값없이 제공해 주니
보배임에 틀림이 없네

산에서는
금은동철 망간 우라늄 석탄 각종 광물도 생산하고
다이아몬드 같은 각양각색의 무수한 보석들과
인삼 도라지 무수한 약초 나물 버섯 꿀
머루 다래 사과 배 복숭아 감 수많은 열매를

땅을 파면 생수 온천수 바위에서 흘러나오는 약수

평지에 솟아나는 석유

비옥한 평야에선 기화요초琪花瑤草

오곡백과 각양 채소

초원에서 뛰노는 각종의 동물들

인생이 살아가는 데 필수적인 보물들이 아닌가

대지는 애정이 풍부한 어머니

인생들이 먹고 싶고 마시고 싶고

단장하고 싶고 갖고 싶은 모든 보물들을

손을 내밀어 노력하는 자에겐

그저 무상으로 주는 어머니

이 어머니를 누가 보내주셨나요

조물주 하나님 아버지 감사 또 감사해요

Ⅲ 바다의 보고

하늘을 바라보면 이상은 저 높은 곳에 두어야지 생각하고
땅을 돌아보면 어머니 품이라 생각하고
바다를 바라보면 마음이 한없이 넓어지네

바다에 가면
푸른 파도가 넘실넘실 밀려왔다 소리 없이 밀려가며
안무와 함께 합창의 여운을 남기네
바다는 잔잔하면 애인의 품같이 느껴지고
성나면 모질게 방파제를 찰싹 때리고 흩어지네
선박들을 들었다 놨다 뱃전에 물벼락을 뿌리며 농락하네
그러나 어부들은 다 이해하고

배를 띄우려 돛을 올리네
꿈을 안고 생계의 보고를 향해

콧노래 흥얼거리며 떠나가네

여름이 오면
일하느라 땀에 찌든 고생의 울타리를 탈출해
가족들과 함께 푸른 바닷물에 몸을 잠그고 헤엄도 치고
따끈한 모래밭에 누워 찜질하며
무념무상의 휴식에 잠드네

바다는 소금을 만들어 내는 보고라오
소금이 맛을 만들어 냄으로 세상살이도 맛이 있지
진수성찬 아무리 좋은 요리를 해놓아도
소금이 없으면 헛수고야 맛없는 음식을 누가 먹겠는가

생각하면 생각할수록
두 마디 말밖에 할 수 없네요
천부여 감사합니다

2부

인생을 노래하다 I

아·흔·의·잠·언

닭소리

닭은 신비롭게도
때를 알려주는 미물 시계라오
새벽 미명에 닭이 울면
농촌 주부들은 새벽잠을 깨치고
밥을 짓는다

두 번째 닭이 울면
아침을 알려주고
농부들은 들녘에 나가
일을 시작한다

세 번째 닭이 울면
점심밥을 지어
땀 흘리며 일하는
일꾼들에게 점심밥을 대접한다

네 번째 닭이 울면
주부들은 저녁이 된 줄 알고
하루 종일 곡식을 가꾸느라 고생한 가족들을
대접하기 위해
저녁밥 준비에 분주하네

시계가 없는 시절
농부들은 닭 우는 소리에 때를 맞추며
잠에서 깨어 일을 시작하고 마치고 했네
베드로는 닭 우는 소리에
영혼의 잠에서 깨어나
스승을 배신한 죄를 깨닫고
통회痛悔 자복自服의 눈물을 쏟은 후
위대한 주님의 사도가 되었지

그처럼

어둠이 점점 깊어가는 밤

영혼의 잠에서 깨어나지 못하고

잠꼬대로 헛소리 치는 사람들

방향을 잃고 미로에서 방황하는 사람들

아흔의 노老 시인의 닭 소리를 들어봐요

그리고 인생의 새벽을 맞기를

인생

\ I 인생의 존엄성

인생은
하나님이 태초에 우주 만물을 창조할 때
여섯 번째로 피조된 실존이라오
창조할 때
흙으로 빚어 야훼의 형상을 모델로 만드시고
코에 생기를 불어넣고
생령이 되게 하고 인격을 부여했지
만물을 다스리는 권세까지 위임했다오
진, 선, 미, 의를 갖춘
천하에 가장 으뜸가는 피조물이 되었소

II 인생이 받은 은사

어느 날 하나님은
에덴동산을 만들어 맡기셨고
홀로 사는 아담에게
하와를 만들어
최초의 가정을 이루고
낙원에서 지상 최고의 행복을 누리며 살게 했지
아울러
하나님의 심성을 대표하는 양심을 주시고
영성과 영생을 특별 은혜로 하사했고
고귀한 자유의 선물도 주셨지
인생의 본질적 보물은 다 주셨소
아버지의 사랑은 극진했다오

Ⅲ 인생의 타락

어느 날 마귀란 불청객이 찾아와
간교한 말로 하와에게 유혹을 걸었소
하와는 금령을 내린 선악과를 따먹고
남편에게도 먹게 했네
불순종한 저들은
낙원에서 쫓겨났고
인생에게 부여됐던
모든 은혜를 다 박탈당했네
하나님의 형상은 깨져 버리고
양심은 욕심에 정복되고
자유는 죄악의 사슬에 묶여 노예가 되고
본능은 야수의 본능으로 변질되고
정수리에서 발끝까지

상처와 허물투성이의 죄인으로 타락했네

한순간의 잘못이

천추의 한이 되는

인생의 비극이 시작됐네

Ⅳ 인생의 회복

하나님의 자비와 긍휼은 남아 있었지
사람의 본능 뒤에 숨겨 놓았던
지성을 이끌어내어
만물을 보고 조물주 하나님을 알게 했지
그로부터
마음에 가득 담긴 욕심을 털어버리고
가난한 마음을 가지면
사람다운 사람이 되는 길을 열어주었소

교만한 마음을 버리고
겸손히 예를 겸비할 수 있다면
사람이 되어가는 길을 알려주었지
사람이 자기를 이길 수 있다면

사람이 사람 구실할 수 있는 소망을 주었지

그러나
자기의 힘으로는 자기를 이길 수도 없고
모든 선의 원리를 지키려고 해도
실천이 불가능했소

고행극기의 수도를 해도
교육의 힘으로 교양을 쌓아도
종교의 수훈으로도 불가능했소
미움과 혈기가 일어나고 분노가 치밀 때
고귀한 인격의 탑은
순간에 무너져 내리고
마귀의 형상으로 바뀌게 되었소

인생이, 인생이 되려면

자기를 십자가에 못 박아야 하오
그것도 자기 힘으로는 안 되오

이천 년 전
샛별로 오신
예수님의 십자가 앞에 엎드려
'주여! 나를 불쌍히 여기소서
나는 죄인이로소이다' 하고
애통하며 부르짖을 때
보혜사 성령님이 임재하여 힘을 공급해줌으로
파괴됐던 하나님의 형상은 회복되고
온전한 인생으로 거듭나는 것을

모든 슬픔과 괴롬이 기쁨으로 변하고
천국의 낙원도 되찾을 수 있게 된다오
이 진리를 깨닫는 자는 온전한 인생이 될 수 있으리라

부모님 전상서

아버지 어머니

햇빛과 달빛 되어 사랑의 뜨거운 가슴으로

밤이나 낮이나 어루만져 주셨지요

허리가 휘어지도록

손발이 다 닳도록

애간장 다 태우며

추울세라 더울세라

배고플세라 감기 들세라

그 고운 손으로

똥 기저귀 주물럭거려도

코 한번 시큰 안 하시고

코 묻고 침 흘린 입술도

내 새끼 이쁘다고 물어 빨며

흥얼흥얼 안고 업어 달래면서

키워주신 그 은혜

아! 바다보다 넓고 태산보다 크셔라

사람 되라고 가르치느라

겉으로는 꾸짖고 야단치고

마음으로는 눈물 흘리며

초달楚撻도 드셨지요

만물이 잠든 밤

자식 잘되라고 무릎이 닳도록 기도해 주시고

땀과 눈물과 진액을 다 빼면서

촌시도 쉬지 않고

걱정의 마음으로 달려오시고

애정의 손길을 펴

애태우며 가꾸어 주신 어버이 은혜

아! 백골이 진토된들 잊을 수 있으리오

어느덧 세월은 강물처럼 흘러

청춘을 떠내려 보내고

얼굴엔 잔물결이 파도치네

지붕은 성글어지고 박꽃이 만발하게 피었고

등마루는 휘고 기둥은 흔들리고

맷돌은 하나둘 부서져 떨어지고

창문은 어두워지고

노래하는 자는 힘이 떨어졌네요

광음光陰도 너무합니다

너무도 무정합니다

점점 쇠잔해 가는 어버이의 모습

하나님!

세월을 거꾸로 돌려 청춘을 돌릴 수 없을까요?

아니 지금 잠시만이라도 시간을 멈출 수는 없나요?

효심의 억지일까요?

모든 사람이 다 가는 길

자연의 섭리를 뿌리칠 순 없겠지요

그러나 아버지 어머니 실망일랑 마시고

희망의 별빛들을 바라보세요

불초不肖 소자小子
어버이 휘어진 허리에 버팀목이 되겠어요
차가운 그리고 거칠고 닳아진 손발을
피 끓는 심장으로 녹여 부드럽게 해드릴게요
주름진 얼굴엔 웃음꽃이 피도록
성공의 꽃다발을 안겨 드리겠어요
때로 모진 광풍이 휘몰아치고
고해의 파도가 고함치며 밀려와도
먹구름이 번개와 우레로 시위하며 겁을 주어도
아버지 어머니
햇빛과 달빛 되어
그대로 머물러 지켜봐주세요
소자의 붉은 심장으로 섬김의 손길을 펴
어버이 애탄 가슴에 기쁨의 훈장을 달아드리겠어요

상처난 가슴에 위로의 기름을 부어 치료해 드리겠어요
그리고 햇빛과 달빛 사이에 별빛 되어
어두운 세상에 소망의 빛으로 살며
어버이 수고에 오만분의 일이라도 보답하려고
효심의 향기를 이 생명 다하도록
뿜어내리이다

어버이 지치고 쇠약해진 몸과 마음에
불로장생의 생기를 불어넣을 수만 있다면
효심의 붉은 잔을 마지막 한 방울까지 기울이리다
후회없이 하려고 해도 후회는 남겠지요
세월의 바람에 흔들리긴 해도
넘어가진 마세요
해와 달같이
총총한 별빛을 바라보면서

눈물

사람의 얼굴에

잘 나타내는 감정의 표시는

웃음과 눈물이라오

세상살이에 웃음도 많지만

눈물이 더 많은 것 같아

눈물 없이 사는 사람이 있을까요

예로부터 세상은 눈물의 골짜기라 했었는데

인생은 세상에 올 때부터 울면서 왔다가

돌아갈 때도 울고 가지

눈물의 샘은 하나지만

종류는 많아

물과 염분으로 단순하게 만들어졌지만

의미는 여러 가지라오

\ I 값싼 눈물

윗사람의 책망을 듣고 흘리는 불평스러운 눈물
남자의 마음을 사로잡기 위해 흘리는 여자의 눈물
싸우다가 매를 맞고 굴욕당하고 흘리는 분통의 눈물
억울한 누명을 쓰고 푸대접 받고 흘리는 원망의 눈물

\ II 고통의 눈물

아들딸을 먼저 가슴에 묻고 흘리는 어버이의 비통의 눈물
환자들이 병상에서 흘리는 고통의 눈물
많은 재물과 보물을 뺏기고 흘리는 분통의 눈물
사업에 실패하고 빚더미 위에 앉아 흘리는 절망의 눈물
시험에서 낙방을 하고 흘리는 실망의 눈물
아들을 못 낳은 며느리가 흘리는 원통의 눈물

＼ Ⅲ 값진 눈물

죄를 짓고 양심이 가책이 되어 흘리는 참회의 눈물
불쌍한 이웃을 보고 측은히 여기는 동정의 눈물
의인이 희생으로 세상을 떠났을 때 흘리는 애도의 눈물

＼ Ⅳ 기쁨의 눈물

오랜 세월 헤어졌던 부모님과 자식이
상봉했을 때 흘리는 눈물
형설의 공을 쌓아 성공했을 때 흘리는 눈물
삼대 독자를 얻었을 때 부모와 가족이 흘리는 눈물
생명이 위험에 빠졌다가 살아났을 때 흘리는 눈물

V 고귀한 눈물

조국이 주권을 뺏겼을 때
이천만 동포가 기막혀 흘린 망국의 눈물
조국이 36년 만에 해방됐을 때
삼천만 동포들이 광복의 감격으로 흘린 눈물
한국전쟁으로 많은 전쟁고아와 과부들이 흘린 눈물
온 국민들이 피난길에서 흘린 원통의 눈물
38선으로 조국이 두 동강 난 비극 때문에
안타까워 가슴 치며 땅을 치며 흘리는 통탄의 눈물
통일을 기다리며
새벽마다 무릎 꿇고 통일이여 어서오라
부르짖어 기도하며 흘리는 애통의 눈물

\ Ⅵ 평생의 눈물

부모님과 가족들 고향 산천을 떠나온 지 67년
이제는 백발이 성성한데
155마일의 장벽은 아직도 건재하고
길이 없으니 갈 수도 올 수도 없고
공간은 뚫려 있지만 편지 한 장도 보낼 수 없네

사랑하는 부모 형제 살아서 보고 싶었는데
이제는 천국에 가야 만날 것 같네
고향 땅도 생전에 한번 밟아 보고 싶었는데
그리움의 꿈은 사라져 가네
새파란 20대 청춘이 고향을 떠나
67년간의 타향살이에 죽을 고비 수없이 넘으며
꿈에도 잊을 수 없는 부모님과 내 고향을 그리워하며
알게 모르게 가슴으로 울고 눈으로 울고 꿈에도 울고

생각나면 눈물이 방울방울 떨어지네
아내와 함께 그렇게 한평생 눈물의 세월을 보냈지
이제 앞날도 얼마 남지 않았는데
생전에 통일의 소망이 가물가물하기만 하니
눈물이 나도 모르게 주르륵 또 흘러내리네
천만 이산가족들의 눈도 내 사정과 같겠지
이 한 맺힌 눈물은
언제 마를 날이 올까요
오늘도 눈물의 샘이 올라와 앞을 가리네

돈

돈은 행복의 어머니
누구나 어머니를 좋아하듯
돈도 누구나 좋아해
돈만 있으면
먹고 입고 보금자리를 마련하는 데 걱정이 사라져
건강의 문제 학업의 문제 문화 생활의 문제
넓은 세상을 돌며 자연의 신비를 관람하는 일도
세계 각국의 역사적 유물을 탐방하는 일도
원하는 것은 다 할 수도 있으니
돈은 행복을 주는 어머니 같아

다른 한편
돈은 나를 넘어트리는 사악한 친구이기도 해
돈이 좋다고 너무 그리운 애인같이 사모하지 말아요
돈의 유혹에 빠지면

양심의 눈이 멀어져요
부모 형제도 안 보이고
이웃도 친구도 몰라보네

돈을 탐내면
사기꾼도 되고 도둑놈 강도도 된다오
윤리와 도덕을 무너뜨리고
뇌물도 악용되어 정의를 꺾고
정신은 썩고 병들고 향락에 빠져
만 악의 죄를 걸머지고
쓰러지고 마네

돈의 우상을 버리고
중립에 있는 친구로 보세
사람이 악한 마음을 가지고
악한 도구로 쓰면

악의 흙탕물을 뒤집어쓰는 세상이 되고
사람이 선한 마음 갖고
선의 도구로 쓰면
아름다운 세상으로 변화시킨다오

생각해 봐요
돈으로 장학재단을 세워
인재 양성을 위해 쓴다면
돈으로 자선재단을 세워
가난한 백성들 위해 쓴다면
병원을 찾지 못해 생명이 쇠잔해 가는 사람들을 위해
지구상의 수많은 불행한 사회의 약자들을 위해
자비의 손길을 편다면
돈은 선한 천사도 될 수 있다오

돈을 인류 문명을 위해 투자한다면

탄식하는 사람, 우는 사람은 감소되고
너도 나도 더불어 웃으며 사는 세상이
다가오리라

사랑하는 내 형제 자매여
돈을 정당하게 벌어
자기 은행 계좌에 꽁꽁 묶어 두지 말고
바르고 선하게 기쁨으로 나누며 삽시다
돈이 수호천사가 되도록

굴러가는 인생

.

꽃이 진다고 서운하게 생각지 말아요
꽃이 져야 열매가 맺힌다오

낙엽이 진다고 우울해하지 말아요
낙엽이 지고 거름으로 환원돼야
어미 나무가 싱싱하게 생을 이어간다오

만월이 이즈러진다고 아쉬워하지 말아요
저 달이 이즈러져 자취를 감추어야
새 달이 새 소망 안고 올라오지요

실패했다고 낙심하지 말아요
실패는 반드시 성공을 잉태했다가
대박의 해산이 있을 거예요

시련과 고난이 왔다고 한숨과 눈물을 머금지 말아요

밤이 깊고 어둠이 짙으면 여명이 오듯
행복의 태양이 웃음을 싣고 오리니

굴러가는 수레바퀴는
깔렸다 올라오고
올라왔다 깔리고를 반복하듯
인생도 그렇게 굴러가는 것을

둥근 지구는 돌고 돌아요
별들도 돌고
계절도 돌고
돈도 돌고
운명의 수레바퀴도 돌아요
돎으로 끝날까지
생명이 유지된다오

내 인생 하늘의 뜻에 맡기고
착한 마음
의로운 뜻을 품고
백 년을 향해 굴러가 봐요
찌그덕 덜커덕거리며

어떤 환경에도
불평 원망 말고
그저 범사에 감사하며
오늘도 내일도 굴러가 봐요
행운의 날들이
파도처럼 밀려올 것을
기대하면서

세월아 갈 테면 가라

달이 바뀔 때마다
달력 한 장씩 떼는 것이
기분이 썩 좋지는 않네

지구는 쉼 없이 돌아가기에
팽이처럼 돌아가는 지구는
내 인생을 늙음으로 실어 나르고
청춘도 언젠가 실어 갔고
또 언젠가는
나를 무덤으로 실어 가겠지

그러나 나는
슬퍼하지도 괴로워하지도 않으리라
저 하늘나라에
내가 영원히 살 수 있는 새 집이
또 한 채 마련되어 있으니까

지구야

돌 테면 돌아봐라

그대 등을 떠나는 날

나는

천국행 황금마차에 옮겨 탈 테니

부부

처녀 총각이 만나
결혼하면 부부가 되네
부부는
뼈 중의 뼈요 살 중의 살로 한 몸을 이루고
한평생 동고동락同苦同樂하며 살아가오
성장 배경 성격 생각 이상이 다를 수 있지만
한 몸이 떨어져 반쪽이 되면 안 된다오

에덴동산에
원조 인생 아담과 하와가 살았지
하와가 사탄의 유혹을 받아
따먹지 말라는 선악과를 따먹고
범죄 타락하였네

하나님의 명령을 불순종한 죄를 지은 저들은
에덴낙원에서 추방되었다오

그때부터
인생은 이마에 땀을 흘리며
평생 고생하며 살게 됐소

하나님은 저들에게 이혼하라고 안 했고
저들도 갈라질 생각이 추호도 없는 듯
여보 당신 하며
살아도 죽어도 같이 가요 하고
930년간 아들 딸 낳아 기르며 살아갔다오
이것이 부부의 모델이라네
예수님도 음행한 연고 외에는
이혼하지 말라고 했지
감정의 물살에 둥둥 떠
기분대로 살지 말아요
부부는 가정의 중심이요
사회의 첫 단추요

국가의 기초라오

서로 맞지 않는 점이 있어도
부족한 점은 서로 둥글게 묶어가며
상처나 아픔이 있으면 어루만져 주고
이해와 관용의 마음으로 참고
서로 사랑과 존중의 보자기로 싸매줘요

소나기 지나간 후 땅이 굳듯
잠시 폭우가 지날 때가 있지만
서로 먼저 반성하고
화목의 손을 먼저 내밀며
자녀들을 중심으로 웃음의 꽃을 피우며
평화의 바가지를 깨지 말고
조심조심 부드럽게
화평하게 한평생 같이 살아요

순간의 흥분과 노여움의 감정을 절제 못하여
바가지를 깨고 뛰쳐나가면
가정과 자신에게 불행의 비극이 찾아온다오
사회와 국가에도 큰 손해를 안긴다오

순간의 실수가 평생의 불행을 몰고 와요
옛 사람의 금언을 들어 봐요
백인당중百忍堂中 유태화평有泰和平하고
가화만사성家和萬事成이라
마음에 새기면
평생 화목하고 화기애애하게 살 터이니
번영의 불길은 자연히 일어나고
인재들도 우후죽순처럼 솟아오르리니
국태민안國泰民安도 이루어진다오
남편은 히죽히죽
아내는 해죽해죽

뜨거운 심장으로 서로 안아주며

전기 스파크가 번쩍번쩍

일어나도록 순간뿐 아니라

평생토록 그렇게 살아가요

황혼 길에서

유치원 아이들이
놀이터를 돌며 깡충깡충 뛰어노네
초등학생 또래들이
나 잡아봐라 하며
우스꽝스럽게 달려가네
중고등학생들이
운동장에서 공을 차며 비호같이 달리네
나도 저런 시절이 있었건만

젊은 남녀들이
재미있게 이야기를 주고받고 시시덕거리며
잽싸게 나를 앞질러 지나가네
나도 저런 때가 있었지

지금은
신발을 슬쩍슬쩍 끌며

거북이 걸음으로 걸어가네

지난해는
천 보를 걷고 나면 쉬고 싶더니
금년에는
오백 보만 걸어도 쉬고 싶네
걷는 것보다 앉기를 좋아하네
앉는 것보다 눕는 것을 더 좋아하네

이러다가
완전히 누워버리는 것 아닌가
걸음걸이가 인생을 측량 하나 봐
하기야
인생은 어차피 걸어가다 가는 것을

발걸음에 맥이 풀리기 전

손바닥에 풀이 마르기 전
입에서 아이고 소리가 자주 나오기 전
순간순간 기회를 놓치지 말아요

배울 때 배우고
진리가 손짓할 때 붙잡고
복음의 소리가 들려올 때 달려가고
도전할 때 도전하고
일할 때 일하고
멀리 푯대를 세우고
바른 곳에 이상을 심고
쉬지 말고 달려가요
황혼 길에 설 때
후회하지 않도록

고장 난 인생

지나가는 길에
폐차장을 바라봤네
야! 지난 날 쌩쌩하게 달리던 차들이
어느 사이
낡고 고장 난 폐차되어
산을 이루었네

인생도 낡고 고장 나 쓸모없어지면
저 모양 되겠지
고장만 난 차라면
고치고
희망의 날개를 달 수 있지
고장 난 인생도
수리만 잘하면
새 출발도 할 수 있겠지

겉으로 보기엔
멀쩡한 신사 숙녀들 같은데
속내를 알고 보면
고장 없는 인생이 없는 것 같아
유아로부터 노년에 이르기까지
몸과 정신과 영혼까지도
경중의 차이만 있을 뿐

나도 대장에 고장이 났다고 하여
수리장에 들어가 보니
고장 난 사람들이 와글와글하네

세상은
지식도 기술도 과학의 힘도
하루가 다르게 진보한다고 하는데
고장 난 인생들이

수리 공장을 찾아
줄을 지어 들어오네

생로병사는 누구도 피할 수 없지만
불안과 두려움에 떨지 말아요
절망도 비난도 하지 말아요

인생이 만든 수리공장은
고장 난 인생을 고치지 못해도
반석盤石에서 솟구쳐 흐르는
샘물을 찾는다면
고장은 완치되고
영생할 수 있을 텐데

인생은 피조물 중에
가장 오묘하고 신비스러운

형이상학적 존재라오
보이지 않는 세계를 볼 수 있는 영안이 있지
조물주의 특별한 선물인 것을 찾아봐요

하늘의 음성이 들려오고
성령의 바람이 불어오는 공간
십자성이 반짝이는 곳

찾고자 하는 자는 찾을 것이요
희망을 간직한 가슴엔
절망이 노크를 못 한다오
문을 두들겨 봐요
열릴 것이니
고장 난 인생들이
영적 오아시스에서
새로운 피조물 되리

부모 마음

우리 부부는
일녀 삼남을 낳아 잘 키워
시집 장가 다 보냈네
아들 셋을 통해서 자부를 맞아들였지

친정부모 품 안에서 곱게 자란 애기씨들
신랑 따라 낯선 집에 시집와
처음에는 모든 것이 서툴렀고 얼떨떨했지
어느 사이 아들딸 낳고
우리 가문에 조상이 됐네

아! 볼수록 귀엽구나
우리 가문을 번창케 할 보물들
나는 너희들을 친딸 셋을 얻었다고 생각한다
너희들은 시부모라 한 다리 건너 생각지 말고
친부모 두 분을 더 모셨다고 생각해 다오

룻과 같이 말이다

사랑 안에서 할 말은 주저 말고 진솔하게 대화하자
오해가 있으면 풀어가며 웃자
각각 떨어져 따로 사니
간섭할 것도 눈치 볼 것도 없지만
혹시 무슨 가르침이 있으면
그리 믿고 따라주렴

젊어서는 자식을 위해
어떤 희생도 아끼지 않고 살아왔는데
지금은 80마일 속도로 늙어 가니
기도밖에 도울 힘이 없구나

전동箭桐에 담긴 화살 같은 아들딸들아
이제는 너희들을 바라보며 의지할 수밖에

짐을 지우려는 것이 아니고
본능적 마음뿐이니라

사랑한다
아들과
아들의 피로 연결된 딸들아
인생이 노쇠되면
내일을 모른단다
부모 나이 되어 보면 알리라

명심하거라
위로는 부모공경
아래로는 자식사랑
옆으로는 부부화목
형제와 동서들은 서로 단합하여 살아가라
천대에 이르도록 복을 받으리니

백발의 미인

여보!
금년이 무슨 해인지 알아요?
우리나라가 해방된 지 70년이라오
우리가 결혼한 지도 70년
온 국민과 우리 부부에게 경사스러운 해라오

내 나이 어느덧 여든 아홉, 당신 나이는 여든 일곱
새파란 청춘에 북쪽 붉은 땅에서 피난와
험악한 세월을 같이 살아왔지

지금은
가는 세월 가는가 보다
오는 세월 오는가 보다
별로 관심이 없네
은퇴 후 20년간
산과 물과 공기 좋은 산본에 와서

아침마다 손에 손잡고
산도 오르고 공원을 산책하며 시장도 같이 보고
이웃 사람들 눈에
아름다워요 그 모습이
선망의 대상이 되기도 했지

그런데
웬일이야
불청객이 찾아와 당신의 기억력을 망가트리고
또 넘어져 뇌출혈까지
병상에 누어야 할 신세가 되었네
마지막 여생을 이렇게 구겨 놓다니
그러나
실망하지 말아요
인생이 늙으면 누구에게나
그런 좋지 않은 벗들이 찾아온다오

이제와 보니 당신은

백발 미인이네

그 아름답고 싱싱하고 활기찬 지난날 모습은 가버렸지만

백발은 무성하고

얼굴은 하얗고

주름살도 별로 없네

눈웃음은 여전히 매력적이야

다만 기운이 떨어지고 온몸이 늘어져

병상에 누워 눈을 감고 침묵만 지키고 있네

측은한 마음으로 바라보니

참아야 하는데도

왈칵 터지는 눈물샘이 가슴을 적시네

내가 도울 일은 아무것도 없구만

매일 당신 곁에 찾아와

당신 손을 어루만지는 것밖에
병실에서
아주 작은 목소리로
찬송가와 옛 동요를 같이 부르며
기도하는 것밖에

나는 행복해요
당신이 매일 찾아와 줘서
그말 듣기 좋구만
정신이 좀 드는가 봐

어느 날 건강이 회복되어
병원 문턱을 넘어
천천히 걸어 나오는 그날을 기다리며
소망을 가집시다

쓰레기

매주 수요일이면
우리 아파트 쓰레기 버리는 날이라오
각 가정에서 쏟아져 나오는 쓰레기가
마당 한 모퉁이에
산더미같이 쌓인다오

속 알맹이는 다 빼먹은 껍데기들
각종 빈병 깡통 빈 박스 신문 잡지
낡고 고장 난 가구들까지

다음 날 아침
쓰레기 수거차가 오면
모조리 싣고 소각장으로 가 불태워 버린다네
다음 날부터
쓰레기는 가정마다 또 쌓이네
인생의 사는 날 동안

쓰레기와 결별할 수 없나 보다

인생들 마음에도
쓰레기가 많이 쌓여 있음을 생각해 본다
시기 질투 증오 욕심 거짓 오만 모략 중상
악독 도심 살인 간음 비난 원망 무자비
아무도 이 같은 쓰레기들 없다 못하리라

이것들이
입과 마음 밖으로 쏟아져 나올 때
세상은 악천후가 되고 비극의 밤이 오겠지
세상이 미워지고
살고 싶은 의욕의 날개가 꺾인다
아! 어찌할꼬
고민 고민해 보아도
대책이 없네

어떤 사람들은 심산유곡에 들어가
바위 위에 앉아 쓰레기 청소를 위해 참선도 하고
현자들의 금언을 외우며 명상도 하며
고명한 스승들의 교훈을 받아 회오도 하지만
쓰레기는 없어지지 않고
버려도 또 생기고 버려도 또 쌓이네

나는 깨달았네
마음에 쌓이는 쓰레기는
인간의 힘으로 치울 수 없다는 것을
하늘의 음성이 들려오네
예수님의 십자가를 붙들라고
하나님의 사랑으로
용서받는 것밖에
성령의 불로 불로 태우는 것밖에

아내의 모습을 바라보며

농촌 총각이
친척 할아버지의 중매로
도시 처녀
중산층 가정의 공주같이 자라난
오남매 중 외동딸을 만나
두 달 만에 혼례식을 치렀네
아내는 한참 피어오른 장미꽃같이 아름다웠고
하늘에서 내려온 선녀 같았네
아내는 태양이 되어 가정에 평화의 꽃을 피워 갔지

하늘의 하나님은
지구상 가장 아름답고 보배로운
선물을 주셨지
3년간 밀월의 행보에
세월 가는 줄도 몰랐지
결혼한 지 석 달 만에

1945년 8월 15일
조국이 해방되었네

그때
그 기쁨과 즐거움은 충천했지만
잠시 잠깐이었소
고향 땅은 붉게 물들기 시작했고
희망봉은 멀어져만 갔지
동쪽 하늘에 솟아오르는 태양같이
한참 꿈을 펼쳐볼 청춘의 기개가
꺼져가는 자유와 비극의 땅에서
두 손 놓고 하늘만 바라볼 순 없지 않은가

가슴이 터질 듯 소망을 품은 젊은이는
결심 끝에 아내와 함께 38선을 넘기로
개나리 보따리에 꿈을 넣고

고향산천을 등졌네

참새야 슬퍼 마라
종달새야 울지 마라
보름달아 뜨지 마라
별들도 눈감아다오
천신만고 끝에
자유의 땅
천리타향 서울로 발을 옮겼네

사고무친四顧無親한 땅
고난의 행진은 시작됐네
아내와 나는 무슨 일이든 닥치는 대로 했지
자존심도 체면도 집어던지고
남대문 시장터에 겁도 없이 뛰어들어
죽기 살기로 모험을 걸었다

아내는 하루 종일 장터에서

오가는 행인들의 발걸음 바라보며

행여 내 앞으로 오지 않나 가슴을 졸인다

고객을 맞이하면

정성을 다하여 비위를 맞추며

물건 하나 파느라고 진땀을 흘리네

입에 풀질하기 위해

신랑 학비를 마련하기 위해

겨울이면 칼바람에 오들오들 떨며

여름에는 뜨거운 햇빛에

고운 피부 검게 그을리면서

진액이 빠지도록 고생했지

남편의 성공을 위해선

고생을 고생이라 생각지 않고

희망찬 얼굴에 미소를 지으며 헌신해 왔지

가난과 고난의 행진 중에도
3남 1녀를 낳고 기르며
유치원부터 대학원까지
지극정성으로 키웠지
여자는 약하지만
어머니는 강하다는 말이 실감나네

남편이 대학을 졸업하고
신학교에 입학하여 3년을 수학할 때
서정리에서 서울 남산까지 통학에 고생하는 여보를 위해
새벽 4시에 일어나 밥 짓고 도시락 싸느라
고생의 연속이었지

아! 고마워라
38선 넘어 고학생의 아내되어
그 고운 얼굴 고운 손 까칠해지고

뽀얗고 예쁜 발은 뒤꿈치가 닳고 터지고
애처로운 모습을 볼 때마다
몰래 울고 또 울었소
언젠가 성공하는 날이 돌아오면
호강시켜 줘야지
마음에 다짐 또 다짐했소

하나님의 은혜와 아내의 도움으로
신학교를 마친 나는
고향 떠나 10년 만에 목사 안수를 받고
45년간 목회의 길에 정진했네
아내는 사모의 위치에 서게 되었지만
십자가를 지고 가는 목회자의 아내의 길도
영광의 길이면서도
하루라도 마음의 긴장을 풀 날이 없었기에
심적 육적 고생과 수고의 사역은 만만치 않았지

그런데 어느덧
세월은 아내의 머리에
배꽃 면류관을 씌워 주었고
신선같이 늙어가네
나도 지붕은 다 벗겨지고
기둥은 흔들거려
지팡이에 의지하여
세 발 인생으로 걸어가네

아내의 호강을 다짐한 나홀로 약속은
세상의 안일한 개념을 넘어
영성을 아우르는 호강을 뜻한 것이었지

미수未壽의 고개를 넘으며
바짝 뒤따라 같이 늙어가는 아내
지금은

하나님이 주신 넘치는 의식주의 복을 받고

아무런 욕심도 없이

지난날 고생한 일들을 옛이야기 삼아 되새김질하며

손에 손잡고 저 높은 곳을 향해

날마다 찬송하며 걸어가네

이것이 신령한 호강이라 생각하고 미소 짓지

그런데

아내에게 생각지도 않았던 불청객이 찾아왔네

85년간

그렇게 또렷또렷하고 젊은이 못지 않던 당신이

지난날의 일들만 끄집어내어 이야기하고

현재와 미래에 대한 말은 한마디도 못하네

한 말 또 하고 10분 내에 같은 말 되풀이하고

한두 시간 전에 식사하고 커피도 마셨는데

아이고 배고파 식사하자고 성화네

조금 전에 맡긴 물건 어디 두었는지 찾지도 못하네
기억력이 조각나
할 수 있는 능력을 상실해 버렸네
알츠하이머가 찾아왔기 때문이라고

아! 인생이 늙으면
불청객이 찾아와도
거절할 능력도 없나 보다

속이 타 들어가네
너무도 측은해 보여 견딜 수 없네
그래도
끝까지 시중들며 인내로 지켜줘야지
이것이 내 말년에 주어진 십자가인가
젊어선 아내가 내 무거운 짐을 거의 맡아 지고 갔는데
늙어선 아내의 무거운 짐을 내가 걸머지고 가야지

여보!

걱정하지 말아요

사랑해요 끝까지 같이 가요

당신 곁에 내가 있지 않아

그런데 왜 자꾸 눈에 이슬이 맺힐까

외기러기

어버이 둥지를 떠나
한양 땅에 새둥지를 튼 지 67년
새끼 4남매를 낳아 키워
짝을 지어 둥지를 다 떠나보냈지

둥지에 남은 엄마아빠 기러기는
가벼운 마음으로
세계의 창공을 훨훨 날며
지구를 세 바퀴나 돌며
명승절경 희귀한 풍물 좋은 구경 다하고
나라마다 별식도 많이 먹어보았지

한 쌍의 늙은 기러기
한때는 좋은 시절도 있었네

그런데

갑자기 아내 기러기가 넘어져
병실에 누워 꼼짝 못하네

외기러기 된 나는
멀리 날 수도 없고 높이 날 수도 없네
병실 상공을 맴돌다
아내 기러기 옆에 내려앉아
눈을 감고 입을 다물고 누워 있는 아내에게
여보! 눈 좀 떠봐요 말도 좀 해봐요 살살 흔들어 보지만
눈은 떴다 다시 감고
말은 입을 열 듯 오물거리기만 해
아무런 반응이 없어 속만 타네

아내의 여윈 손을 만지작거리며
물끄러미 들여다보다
깜박 졸다 깨고 깨다 또 졸고

종일 자리를 뜰 줄 모르네

대지에 어둠이 스며들면
외기러기는
아내 기러기 없는 텅 빈 둥지를 찾아와
홀로 잠을 청하나
지난날의 생각 현재의 생각 미래의 생각에
이리 저리 뒤척이다 날이 새네

외기러기는 다시 날아와
요양병원 침상에 조용히 누워 있는
아내 기러기 곁에 와 앉네
같이 다시 날 수 있는 날을 기다리며

노래처럼 살아요

오선지에
콩나물 같은 음표가 그려지면
사람들은 그 음표를 따라 노래를 부르네

노래는
저음으로부터 중음 고음으로 올라갔다
다시 중음 저음으로 내려오네
구불구불 굴곡으로 흘러가네

인생살이도
낮은 자리에서 출발하여
조금씩 조금씩 올라갔다가
중간 삶으로 구불구불 흘러가지
높은 뜻의 이상을 가지고
꿈틀거리며 땀 흘려 실력을 쌓아
다시 높은 자리로 바득바득 올라가네

높은 자리는 오래 머물지 못하는 곳
다시 또 내려와
평범한 삶으로 걸어가네

노래는 박자가 있네
빠른 박자 느린 박자
중간 박자 쉬는 박자
박자는 리듬의 법칙이기에
박자에 맞춰 노래할 때
아름다운 멜로디가 살아나고
박자가 어긋나면 노래는 생명을 상실하네

인생의 삶도
빠르게 일분일초를 다투며 살 때가 있고
일상생활의 리듬대로 살 때도 있고
여유만만하게 살 때도 있고

쉬엄쉬엄 휴식의 시간도 필요할 때가 있네
박자의 법칙대로 살기만 하면
인생을 선하게 의롭게 아름답게
그저 대과大過 없이 살아갈 수 있으려만

노래는 네 음의 색깔이 있네
소프라노 알토 테너 베이스
이 네 음이 화음을 내고 조화를 이루어 합창할 때
그 노래는 청중의 심금을 울리며 즐겁게 하고
삶의 용기를 북돋워주네
그러나 어느 한 음이 화음을 깨트리면
청중은 찡그리며 자리를 뜨고 마네

인생의 한평생 삶도
나만의 소리를 독특하게 내거나
이웃 간에 화평이 깨지면

세상은 살벌해지고
사람들은 그런 사회를 떠나고 마네
서로 개성은 다르지만
이웃과 조화를 이루어
일치 협력해 살면
살맛 나는 세상이 이루어지네
인생을 노래와 같이 살아보세

웃음

꽃이 피었네 꽃이 피었네
우리 집 창가에 철쭉꽃이 피었네
군자란도 피었네
아내의 얼굴에는 웃음꽃이 피었네

자연의 꽃도 아름답지만
웃음꽃은 더 아름다워
꽃 보고 침 뱉는 사람 없고
웃음꽃에 침 뱉는 인간 더욱 없지

자연의 꽃에 벌나비들 모여들 듯
웃음꽃을 피우는 사람에게 많은 이웃들 모여드네
웃음꽃은 전염도 잘된다오
한 사람이 웃으면 많은 사람이 따라 웃지요
웃음은 즐거움을 출산하는 어머니 같아

웃음은 사람들에게 복을 주는 복주머니 같기도 하오
건강을 선사하고
화평을 만들어내고
많은 사람들에게 즐거움을 나누어주고
일하는 사람들의 용기를 북돋아주고
원수를 물리치기도 하고
암세포를 이기게도 하고
부자도 되게 한다오

눈물이 슬픔을 대표하듯
웃음은 기쁨을 대표해요
눈물이 불행의 상징이라면
웃음은 행복의 상징이라오

농부들의 검붉은 얼굴에
금풍에 넘실거리는 논밭을 바라보며

빙그레 웃는 얼굴을 볼 때
내 얼굴에도 웃음꽃이 절로 피어나네

어버이들이 자식 농사를 짓고
자녀들이 천신만고 끝에 성공의 탑을 쌓아가는 것을 보면
어버이 얼굴엔 웃음꽃이 활짝 피어오른다오

손자 손녀들이 좋은 학교를 우수한 성적으로 졸업하고
함박웃음으로 졸업장을 들고 달려오는 모습을 볼 때
저들을 안아주며
얼굴엔 파안대소하며 칭찬하고
가슴엔 감사의 단비가 흘러내림을 느꼈네
웃음은 승리자의 선물인가

야훼여!
내 잔이 넘치고 또 넘치나이다

이 은혜를 어찌 다 보답할꼬
우리도
시들지 않는 웃음꽃이
인생길 마감할 때까지
길이길이 피어나길

노래가 주는 의미

어머니의 노래는 불효자를 효자로 탄생케 하고
슬픔을 당한 사람에겐 위로를 주고
기쁨을 맞은 사람에겐 환희의 흥분을 북돋워준다오
망향의 노래는
타향살이 나그네들의 시름을 달래주고
씩씩한 군가는
생명을 걸고 싸우는 군인에게 사기를 충천케 하네
애국가는
애국 충정을 일깨우고
자연에 대한 노래는
삶의 의미를 다양하게 깨우쳐 주고
인생에 대한 노래는
삶의 의미를 풍요케 하네
시절 따라 상황 따라 부르는 노래는
흘러간 세월을 추억하게 하고 회고 반성케 하네
철학이 있는 노래를 부르며 살아보세

신령한 노래

신령한 노래는 하늘과 땅과 인생을 아우르는
수직적이면서 수평적인 노래이며
육신 생명의 고차원 세계에 눈뜨게 하고
영혼을 깨우치는 신비로운 능력이 있네
천지만물을 창조하신 하나님께 영광돌리며
인생의 본분을 깨닫게 하고
하나님의 마음을 기쁘게 해드리네

천하만민에 대한 지극한 사랑을 깨닫게 해주고
인생의 갈 길을 조명해 주며
환란과 고난의 소낙비가 내려도
은혜의 우산으로 막아주네

불안과 공포와 염려의 마음에 평안을 주고
죄악의 길로 달리는 인생을
의로운 길로 돌이키게 하고

사망 길로 달리는 인생을
생명 길로 달리게 하네

악마와의 싸움에서 승리케 하고
선한 싸움을 격려하며
의의 면류관의 상을 받게 하네

허화시의 유혹에서 탈출하여
천국 길로 찬송하며 가게 하네
쉴 사이 없이 일어나는 풍파 속에서도
만세반석 안에 피난처를 만들어 주시네
눈물의 골짜기 같은 세상에서
천국의 삶을 누리게 하네

잠언

인정이 좋다마는
지나친 인정은 예의가 아니니
뜨거우면서도 사리 있는 인정은
다정다감히 오래 가리라

사람들을 다 믿지 말아요
전적으로 믿고 따르다가
닭 쫓던 개 지붕 쳐다보듯 하리라
믿으면서도 진실성을 살펴가며
대비책을 세워둠이 지혜로우리라

교만한 사람들이여
자기를 믿지 말아요
인생은 바람에 흔들리는 나뭇잎 같으니
역경의 바람이 불어오면 낙엽 되기 쉬우리라
말씀이 육신을 입은 그분같이 겸손하게 살아요

자아도 이기고 환경도 이기고 세상도 이기며 살리라

흘러내리는 강물에 떠내려가는 배를 타고 가면
신선놀음 같으나
위험한 고비를 만나면 살아남기 어려우리
그러나 흐르는 강물을 거슬러 노를 저어 올라가는 배는
어렵고 힘들지만 목적지에 도착하여
성공의 함박웃음이 절로 터지리라

급하다고 서두르지 말아요
반드시 실수가 따르리니
한두 박자 늦추어가며 생각해 봐요
잊었던 일들이 생각나리니
빠르다고 좋은 것이 아니고
실수 없이 사는 것이 더 좋으니

좋은 일이 생겼다고
범사가 순풍에 돛단배같이 잘 나간다고
흥분하고 자랑하지 말아요
사람들이 기뻐하는 척하면서도 속으론 시기하리니
어쩌다 역풍을 만나
좋지 않은 일이 복병처럼 나타나 몰락 시킬 때
이웃의 싸늘한 비웃음 몰래 찾아오리니
그때 기죽은 얼굴을 어찌 숨기리오
인생사에 흔히 밀려오는 불길 물결에
감정의 배를 타고 놀아나지 말아요
잠든 호수같이 살아요 품격이 군자를 닮으리라

분통이 터진다고 화를 내지 말아요
화가 돌아와 복수하리니
인내로 화의 불길을 끄고 침묵하면
평화의 복이 돌아오리라

부귀영화가 좋다지만

생명 걸고 잡으려고 악쓰지 말아요

무지개 잡으려는 것과 같으리니

세월이 흘러가면

어느 사이 다 새어 나가고 허무만 남으리라

잡으려면

하늘에서 내려온 진리의 닻줄을 잡아요

태풍이 불고 폭우가 쏟아지고 쓰나미가 밀려와도

놓치지 않으면

영생의 항구에 도달하리라

세상살이 괴롭다고

얽히고설킨 실타래 같은 문제들이 풀리지 않는다고

소망을 버리지 말아요

삶의 의미를 못 느낀다고

쉽게 자기생명을 포기하지 말아요

생명은 자기 것이 아니라오
하나님이 주신 귀한 선물이라오

그 선물을 값없이 던져 버리는 것은
남의 생명을 살해하는 자와 똑같은 살인죄라오
인생 최후를 마감하는
돌이킬 수 없는 종말적 비극이니
잠시 3분만 더 생각하고 기다려봐요
고개만 넘으면 평탄한 길이 보이리라

세월이 유수같이 흐르는 데 따라
인생사도 거기에 묻혀 지나가는 것이라오
해가 지면 밤이 오고
밤이 지나면 해가 뜬다오
해가 뜨면 음지가 양지 되리니
기다리는 자에게 복음이 오리라

사리사욕을 위해
남의 재물 탐내 사기 치지 말아요
사기당한 사람이 가슴 아파
잠 못 이루는 한숨 소리 들리지 않는가
저들의 저주와 독기가
그대와 자녀들에게 평생 미치리니
뺏은 재물은 결코 길지 못하리라

남을 속이는 거짓은 악마의 속성이니
악마의 자녀로 살지 말아요
캄캄한 지옥으로 떨어지리라

진실은 하나님의 속성이니
진실하게 살며 남을 이롭게 하며 살아요
하나님의 자녀가 되어
광명한 천국 문으로 들어가리라

고향

많은 사람들이
설날이 가까이 온다고
고향 찾아 부모 형제 친척들 만나려고
마음이 들떠
귀향길 가는 표 사려고
선물 꾸러미도 준비하느라
동분서주 정신없이 뛰어다니네

아! 부럽다 부러워
나도 고향이 있건만
20대 청춘에
38선을 넘어 남쪽 땅에 온 지 67년간
꿈속 외엔
한 번도 고향 땅 밟아보지 못했네

이념이 다르면 부모 형제도 적으로 돌리고

이념이 같으면 누구도 동무로 손을 잡네
부자들은 무조건 적으로 삼고
무자비 공격의 대상이 되네
이 붉은 냉혈 동물들이
고향 산천을 봉쇄하고 있기에
그리워도 갈 수가 없네요

옛 둥지를 떠날 때
어버이는 환갑을 넘어 백발이 성성했고
형님들 아주머니들은 초중 장년들이 됐고
조카들은 병아리같이 귀엽게 자랐고

꽃봉오리 같은 홍안 소년 소녀였는데
지금은 얼마나 변했을까
어머니는
막내아들 떠나보내며

쏟아지는 눈물을 보이지 않으려고
부엌으로 들어가 주저앉아
행주치마에 눈물을 쏟아내느라고 나오지도 못했지
아버지는 아카시아 나무 총총 서 있는
사이 길을 따라 언덕 마루까지 나와
잘 갔다 오너라 몸조심해라
슬픈 가슴 쓸어내려
멀어져가는 막내아들의 뒷모습을 바라보며
힘없는 손을 흔들어 주며 눈물을 흘렸지요

그리고 기나긴 세월
우리 막내아들 부부 어떻게 살아갈까
언제 만날 날은 있을까
눈가에 이슬이 마를 날이 없이
애간장 태우며 기다리다 지쳐서
하늘나라로 떠난 지 오래 됐으리라

눈을 감으실 때 막내아들을

얼마나 애타게 이름 부르며 찾았을까

눈물의 샘이 터져 나옴을 막을 수 없네요

지금도 두고 온 가족들은

생사를 알 길이 없고

통일! 그날이 와도

만나볼 사람도 반겨줄 사람도

목놓아 불러 찾아보고 물어봐도

나타날 가족이 없을 것 같아

아! 비통한 가슴이 터질 것만 같구나

어느덧 미수米壽의 생일을 맞으며

눈을 감고 회고해 보니

무릎 꿇고 이 불효자식 용서하소서

용서받을 수 없는 죄인이로소이다 두손 모아 빌어본다

그 옛날 가족들의 모습이 눈에 아른거리네

저려오는 가슴에서 피눈물만이 소리 없이 흘러내리네

장인 장모님
외동딸과 사위를 천리 타향 남쪽 땅에
어쩔 수 없이 보내놓고
저 철부지들
어떻게 거센 세파를 헤쳐갈까 걱정하며
밤마다 엎드려 눈물로 기도하느라
잠 못 이룰 때가 얼마나 많았을까

부모님들의 기도 덕분에
하나님의 은혜로
천신만고 사고무친한 타향살이에서
목사가 되고 미국 유학도 하고 박사학위도 받았어요
45년간의 목회생활도 잘 마치고
은퇴하고 원로목사가 되었지요

3남 1녀의 선물도 받고 9명의 손자도 봤어요

저 하늘에 둥실 뜬 흰구름아
그대가 유정有情타면 내 말 좀 들어주소
애타는 그리움과 걱정 없이 복되게 사는 소식을
품에 안고
바람 타고 저 천국까지 올라가
우리 부모님에게 전해 줄 순 없을까?

별빛이 반짝이는 하늘은 하나인데
조국의 땅은 왜 둘로 쪼개져 하루도 평안한 날 없이
민족의 갈등으로 가슴을 아프게 하나
저 기러기 떼는 북쪽하늘을 향해 거침없이 날아가는데
나는 날개가 없구나

불평도 원망도 후회도 털어버리리라

하나님이 부르시는 날까지
선한 싸움 다 싸우며
그 나라와 그 의를 구하며 살다가
하늘 본향에서 얼굴과 얼굴을 대할 날을 기다리며
슬픈 추억의 감상에서 벗어나
땅의 본향을 버리고
눈물을 거두고 감사하며 살다가 가오리다

아름다운 사람이란

지구 유람선엔
70억 이상의 승객으로 꽉 차 있네
아름다운 승객은 얼마나 될까

겉모양이 아름답다고
아름다운 사람일까
겉모양이 밉다고 미운 사람일까
아니야 아니야
마음이 고와야 아름다운 미인이지

아름다운 인격의 나무엔
아름다운 생각의 열매
말의 열매 행동의 열매들이
풍년을 이룰 테니까

알면서도 못맺어

쉬운 것 같으면서도 어려워요
미안합니다
죄송합니다
실례했어요
용서해주세요
제 잘못입니다
제 책임이에요
저 때문입니다
제 생각만 했습니다
반성 또 반성할게요

잘해보겠습니다
무엇을 도와드릴까요
감사합니다
당신은 참 훌륭해요
사랑합니다

이런 말들이
입에서 샘물처럼 나온다면
아름다운 사람이 될 터인데
마음엔 생각이 잉태돼 있으면서
목구멍까지 나와 맴돌면서
왜 해산이 안 될까

주 예수여!
나의 교만한 마음을
십자가에 못 박아 주소서
보혜사여!
아름다운 인생으로 거듭나게 하소서

이 세상 한구석이라도
햇빛 되고 싶어요
사람들이 알아주건 말건

웃는 얼굴

웃는 얼굴은 보고 또 보아도 아름다워
아무리 아무리
험상궂은 미운 얼굴도
웃으면 아름다워

자연의 꽃은
아름다움이 한 시절이지만
웃음의 꽃은
100일 후부터 100년까지도 가네
우울증도 근심 걱정도 날려버리고
피의 순환도 잘 돌리고
암세포도 굴복케 하며
만병치료의 보약일세

청춘엔 힘의 날개를 달아주고
늙은이에겐 젊은 심장을 달아주네

웃음꽃은

인생의 들판에

화평을 안겨주고

사랑을 싹트게 하고

이웃을 즐겁게 하네

복덩이는 굴러 들어오고

구름 거친 하늘에 햇님이 비치듯

온 세상이 환하게 밝아지네

아름다운 꽃

웃음꽃

인생의 보배로세

인생의 장마

성난 군중들처럼
노기충천怒氣衝天한 흑룡 같은 구름이
삽시간에 하늘을 덮더니
여기저기 물 폭탄을 터뜨리네
연일 장대 같은 빗줄기가 지루하게 쏟아지네
쏟아진 물은
홍수가 되어 꿈틀꿈틀 흘러 무법자가 되더니
둑을 무너뜨리고
푸른 평야에 무자비하게 침입해
황토색 바다를 이루네
산사태를 일으키고 길을 막더니
마을까지 밀려와 집을 덮치고
사정없이 파괴하네
무자비한 수마의 폭력은 생명도 삼키고
고지대로 도망가는 사람
가슴을 치며 눈물짓는 사람들이

수없이 늘어나네
장마의 재해가 이렇게 크고 무서울 줄이야

며칠 후
하늘의 노여움은 자비로 바뀌고
서풍사자의 채찍에
구름들이 쪼개지더니
슬슬 도망가기 바쁘고
구름 사이로 파란 하늘이 보이기 시작하더니
햇님 얼굴이 방긋 웃으며 나타나네

어느 사이 숲 마을에선
매미들의 합창소리가 울려퍼지고
잠자리 떼는 모여와 군무를 추네
아! 이제 지루한 장마는 종을 쳤나 보다

인생살이에도
장마가 오는 것 같아
평온한 인생길에 예고도 없이
먹구름이 몰려오고
삽시간에 폭우가 쏟아져
흙탕물 홍수가 급습하여
평온했던 가정들이 파괴되고
많은 사람들을 시련의 고비에 빠뜨리네
사업의 부도 각종 사고 실직 우환 사망
신음 소리 한숨 소리 울부짖는 소리
지구마을 숨 쉬는 사람들 중에
인생 장마에 자유로운 사람 누가 있을까
수마가 물러가고
푸른 하늘에 태양이 웃음을 터트리며
굼벵이가 중생 되어 콘서트를 열고
물고양이 날개를 펴 춤을 추는 그날이 오리니

공의의 하나님은
연단의 채찍도 주시지만
영광의 화관도 목에 걸어주시지
말씀의 우산 아래 살고
믿음의 반석 위에 집을 짓고
하나님의 시간을 기다리며
범사에 감사하며
부지런히 기도하며 사는 사람들에겐
시련의 눈물도 그치고
은혜의 이슬비도 내리고
위대한 인생으로 자라나게 하리니
조급하지 말고
푸른 꿈만 꾸어보세

양심이 아름다워

맑은 양심은
사람마다 갖지 못해
양심이 순간순간 흔들려
선해졌다 악해졌다
양심이 파선되면
양이 이리가 되고
어제 고귀한 인생들이
오늘은 추한 인생으로 추락하지
지금까지
멀쩡한 신사 숙녀들이
쇠고랑을 차고 감옥으로 가네
양심이 침몰됐기 때문에
그 아름다운 양심이 그리워지네
태초의 사람 아담에겐
깨끗하고 아름다운 양심이 있었지

그런데
타락 후 유전자가 변했네
그 후
모든 인생들은 정수리에서부터 발끝까지
터지고 상한 상처뿐이라네
흠 없는 인생이 있는가
시궁창에 빠졌던 개가
쓰레기를 뒤집어 쓴 개를 흉보는 것뿐이지
그래서
세상은 온통 개판일세

그러나 절망하지 말아요
소망의 별은 가까운 곳에 남아 있는 것을
영의 눈을 떠
저 진리의 별을 보게

영의 귀를 열고

하늘나라에서 온 메시지를 들어보게

그리고

마음의 입을 열어

갈보리산 십자가의 보혈을 마시고

그 주님의 살을 먹으면

타락의 유전자를 몰아낼 수 있지

과학이 이해하지 못하는

신비로운 성령의 불의 힘으로

마음속 깊은 곳에

죄악의 아방궁을 태워버리고

말씀의 금강석으로 마음을 갈고 닦으면

맑은 양심은 북극성같이 빛나리라

그 회복된 양심이 아름다워

다시 세상에 침몰되지 않는 양심 말이오

행운아와 불행아

만물은 물로 말미암아 생명에 이르고
인생은 복음으로 말미암아 영생에 이른다
우주 만물은 인간에게 주어진
조물주의 위대한 사랑의 선물이요
그중에 가장 으뜸가는 피조물은
만물의 영장인 인생이라오

인생의 자기 본분을 깨닫고 사는 사람은
행운아가 될 것이지만
무지무각 無知無覺 속에 사는 사람은
불행아가 될 것이요

인생의 본분은
하나님을 알고 그분의 뜻대로 살며
모든 피조물을 대신하여
그분의 영광을 위해 사는 것이라

이 도리를 깨닫고 사는 사람이
지혜의 왕 솔로몬의 정의定義를 따라
조물주 야훼를 경외하며
그분의 뜻대로 사는 것이라고
그 말씀 마음에 새겼다가
행동으로 풀어가는 사람이
존귀한 행운아로 걸어가리

세상의 영욕에 눈멀어
영적 진리에 무관심하고
현생의 자랑과 물질만을 따라가는 사람은
생명의 도에서 벗어나
방향을 잃은 편주같이 되어
사망의 길로 달려가는 불행아가 되리라

영원한 행운아가 되려면

영혼의 잠에서 깨어나

저 하늘 반짝거리는 십자성을 바라보며

위를 바라보고 걸어가는 사람이

진정한 행운아가 되리라

3부

인생을 노래하다 II

아·흔·의·잠·언

마음

사람의 마음엔
서로 싸우고 있는 두 마음이 있지
신분에는 아무 상관없이
나면서부터
선한 마음과 악한 마음을
똑같이 갖고 있네

선한 마음이 선하게 살고자 하면
악한 마음이 선한 마음을 유혹하여
즐거운 악의 욕망에 빠뜨리네
악의 마음이 탈선하여 악으로 달리려고 할 때
선의 마음이 붙잡고 말리려고 꾸짖지만
뿌리치는 것을 제어할 힘이 없어 놓아주면
악의 소굴로 달려가 악마와 더불어 춤을 추네
한평생 가는 길에
두 마음은 쉴 새 없이 싸우네

아! 이 괴로운 투쟁에서
누가 나를 구원해 내랴

인생의 자력으로는
선으로 악을 이길 수 없고
세상은 온통 죄악으로 물들어가지 않는가
먼지는 털고 털어도 또 쌓이는 것처럼
죄악의 먼지도 털고 털어도 마음에 또 남아 있네
이대로 죄악의 노예가 되어
고민과 갈등 중에 불안하면서도 아닌 척하고 살아야 하나

삶과 죽음
천국과 지옥의 기로에 선 인생들
어쩌면 좋아
구원의 길을 찾을 듯 말 듯 망설이기만 할 텐가
문을 두드리면 열리듯

길을 찾으면 길이 있지
삼차원의 세계를 향해
하나님을 찾아봐요
지금까지는 이차원의 세계에서
횡적인 인생으로 살아왔다면
삼차원의 수직적인 인생을 살아보세요
'하나님! 나를 도와주세요'라고
엎드려 중심으로 간절히 기도해 봐요
영의 귀가 열리면
하나님의 음성을 들으리니
성령의 도움으로 마음의 문을 열고
메시아를 구주로 영접하고 믿으면
그 믿음이 그 믿음만의 위력이
선으로 악의 징검다리를 밟고 지나
모든 불행과 고통의 고개를 넘어가리라

당신을 기다리며

여보가 병원에 누워 있으니
허니도 괴로워 허전함을 견딜 수 없네
있을 땐 몰라 귀한 존재를
없을 때야 깨닫네 귀한 존재를
여보가 없으니 주인 없는 빈집 같고
허니는 외로운 나그네 되어 빈집을 지키는 것 같아

여보
병마와 싸워 승리하고
하루빨리 개선장군되어
집으로 돌아와요
허니는 환희의 플래카드를 들고
학수고대하며 기다릴게

인생의 내리막길

인생길에는
내리막길도 있고
오르막길도 있음을 잊지 말아요

내리막길을 가면서도
깨닫지 못하는 사람들이 너무 많은 것 같아
내리막길은
세속의 길이라오

사람은 태어나면서부터
본능적으로 먹을 것부터 찾지
어머니가 품에 안으면
누가 가르쳐 주지 않아도
젖꼭지를 찾아 물고 빨아요
그리고 손에 잡히는 대로 입으로 모셔요

조금 자라서 걷게 되면

또래의 손에 쥐여진 사탕을 뺏으려 하지

유물주의 생존 경쟁의 시작이요

점점 성장하여 성인이 되면

돈을 벌어 부자가 되려고 땀을 흘리지

타고난 재능과 활동 능력에 따라

각양 직업과 사업을 선택하여 도전하고

돈 맛을 본 사람들은

돈이 최고야 돈만 있으면 만사 오케이

돈을 최고의 목표로 세우고

더 많이 벌 수 있는 사업이라면

죽기 살기로 모험을 걸고 뛰어들지

돈 많이 주는 직장을 찾아 도전장을 내고

자나 깨나 앉으나 서나 돈 돈 돈

일이 잘 풀리는 것 같으면
욕심을 내어 사업을 더 크게 벌이고
재물이 순풍에 돛단배 같이 모이기 시작하면
천하를 다 얻은 것같이 목에 힘주고
눈에 보이는 것 없어지고
마음은 풍선같이 붕붕 뜨게 된다오

여름밤 벌레들이 등불에 모여들다 쓰러지듯
향락의 홍등 아래로 발걸음을 옮기다가
술에 취하고 색에 홀리고 마약에 도취하여 비틀거리다
재물은 탕진되고
가정은 파괴되고
인생의 내리막길로 달리다가
흙탕물에 뜬 붕어눈같이 앞이 보이지 않아
세상을 비관하고 쓰러진다오
이것이 세속의 말로라오

출세욕이 강한 사람들이

오르고 또 올라 권좌의 높은 고지를 점령하면

영화를 누려 보려는 욕망이 슬슬 올라온다오

탐심은 양심의 눈을 가리고

이성의 감각은 둔해지다 마비되고

정의와 불의를 분별치 못하게 되네

맘몬의 우상 앞에 머리를 조아리고

돈이 시키는 대로 행동하게 되네

뇌물이 죄 덩어린 줄 모르고

덥석덥석 받아먹다가

덜컥 걸리고 마네

재주 있고 능력 있고 똑똑한 줄 알았는데

인생길 고개마루까지 힘들게 올라갔는데

유물주의 세속의 길이

인생의 내리막길인 줄 모르고 살았다가

맘몬 우상의 발길에 걸려
곤두박질하고 떨어질 줄이야

어느덧
나이는 높아지고 기력은 떨어지고
청춘은 떠나가고 백발은 성큼성큼 찾아오고
한 오백년 살 줄 알았는데
온몸은 간판 없는 종합병원 되어가고

어디까지 내려갈까
육신은 땅속으로 내려가고
영혼은 지옥까지 내려갈 것이요

수많은 세월을 보내면서
복음의 소리가 고막을 울리는 기회는
몇 번이고 있었을 터인데

그때마다
헛소린 줄 알고
귀를 막고 비웃고 비난하고
나는 젊었는데 차차 두고 보지
아차하는 순간이 오면
그때는 아이고 어찌할꼬

인생의 오르막길

인생길에는 오르막길이 있네
내려가는 길은 여러 갈래의 길이 있지만
오르막길은 한길 밖에 없네
내려가는 길은 넓은 길이지만
오르막길은 좁고 험한 길이라오
내려가는 길은 사망의 길이지만
오르막길은 영생으로 가는 길이라오

인생은 본래
영생하도록 지음 받았지
사탄의 유혹에서 넘어간 아담과 하와는
범죄 타락했고
인생의 모든 고통과 비극은 여기에서 시발됐소
그 유전자는 혈통따라 맥맥이 흘러
죽음의 길로 이어지게 됐다오

하나님의 고민은 측은한 사랑으로 승화되어
구원의 섭리가 비밀리에 진행됐네
이천 년 전 세상이 잠든 고요한 밤
태초의 말씀이 육신을 입고
인간 세상에 오셨소

그는 근본 하나님의 본체시나
인간의 형체를 입고 인간이 되셨고
내가 곧 길이요 진리요 생명이라
미로에 방황하는 인간들에게
전무후무한 영생의 진리를 선포했소

원조 인생이 범죄 타락 후
의인은 한 사람도 없어졌소
죄인 된 인생은 내리막길로 가다가

사망의 계곡에 떨어지게 돼 있소
소망의 오르막길로 나오려면
죄의 대가를 치러야 했소
누가 그 대가를 치를 수 있을까?
도성인신 道成人身 하신 무죄하신 예수님밖에
그리하여
예수님은 십자가에 달려 피를 흘려
인간의 죗값을 다 치르었소

이제 누구든지
저를 구주로 영접하는 자마다
죄악의 사슬에서 풀어 해방시켜 주었고
의의 흰 옷을 입혀 주었고
멸망에서 구원해 주셨네

태양이 떠오르니

촛불과 전등불은 효력을 상실하듯
메시아의 위대한 태양이 떠오르니
지구상 인류의 생명길에
영생으로 가는 오르막길이 활짝 열렸네

아! 숨통이 터지고
가슴에 무거운 고민 덩어리가 쫙 내려가는 것 같네
예수를 구주로 믿는 사람은
오르막길을 가다가
천국의 영생의 세계에 들어가는 것이라오

세상이 다 거짓돼도
이 진리만은 진실이고
세상이 다 변해도
이 진리만은 불변하고
인간의 생명이 아침 안개 같아도

이 진리를 믿는 생명은 영원하리
세상의 진리는 상대적이라도
이 진리는 절대적이라오
내리막길로 가지 말고
오르막길로 가요
마지막 한마디
아! 영광일세

어제, 오늘, 내일

어제 씨를 뿌린 것이
오늘 발아하여 성장하고
내일엔
그 열매를 거두리
이것이 인생의 축도라오

씨를 뿌리되 좋은 씨를 뿌려야지
오늘이란 날에
눈물과 땀의 샘물을 주며
가꾸기만 하면
내일은
좋은 열매를 거둘 수 있으리라

열매는 자연에 있지 않고
재능에 있는 것이 아니라오
보이지 않는 조물주의 은총의 손길이

꽃순에 벌과 나비
같이 어루만져 줄 때
열매가 잉태되어 나온다오
이것이 인생의 공식이라오

깨닫는 자에게만
다이아몬드같이
그 인생이 빛나리니
세상도 밝아지리

거울을 보며

아침에 일어나
거울을 볼 때마다
내 인생이
언제 이렇게 됐나

지붕은 다 벗겨지고
세 줄이나 고랑이 패인 이마
두 눈엔 총기가 사라졌고
입은 오무라져
혀도 느릿느릿 움직이고
맷돌은 천천히 돌아가네

수염도 매일 아침 빡빡 깎고
로션은 빠짐없이 다독이며 바르지만
청춘은 보이지 않네

좌우 날개는 축 늘어지고
기둥은 휘청거리고
허리는 구부러져
넘어질 듯 걸어가네

세월을 타고 오는 동안
꽃피는 들판도
청산도 금수산도 설산도
높은 능선 깊은 계곡도
그 사이로
주마등 같이 달려왔네

지금은
낙엽진 가을 나무같이 볼품이 없네
세월에 밀리는 자연인가
생각이 착잡해지네

벽에 걸린 저 거울 말고
보다 차원 높은 거울은 없을까?

생각이 나네
인생의 거울!
창조주 야훼의 음성을 기록하고
제2 아담의 말씀을 기록한
영감 받은 사람들이
3,500년 전부터 기록한 거룩한 책

그 책을
들여다보면
죄인의 추한 자화상을 볼 수 있고
부패하고 타락한 심성과 인성을 볼 수 있고
역사의 맷돌이 돌아가며

선과 악을 갈아내는 모습도 볼 수 있네

영이 사는 세계도 볼 수 있고
진선미의 인생을 다듬어주기도 하네

죄인이 의롭게 사는 길도 보여주며
죽음의 음침한 골짝을 건너
영생복락의 세계도 보여주네

그 신비로운 거울 앞에 서면
야훼의 아가페 사랑을 보여주며
육적 영적 온갖 소망의 별빛이
무궁무진하게 쏟아져 내리네
아! 이럴 수가
그늘진 내 얼굴이
햇빛처럼 환해지네

인내

아니꼬운 것을 보고
욕하려는 말이 목구멍까지 올라왔는데
참으니
다툼이 사라지고

분노가 머리털끝까지 뻗었는데
참으니까
싸움이 멈추었네

산해진미를 보고
탐식의 마음이 가슴에 차올랐는데
참으니까
범죄하지 않았네

정욕이 불같이 일어났는데
참으니까

가정이 평안해졌고

증오심이 극에 달했는데
참으니까
생명을 살려냈네

성공으로 가는 길이 가시밭길이었는데
참으니까
영광의 날이 찾아오네

죽고 싶은 생각도 많았는데
참으니까
인생의 날이 화려해졌네
아! 참음
화평과 성공의 어머니
생명의 산파인가 봐

진리를 따르는 길에 시련이 많았으나
끝까지 참으니
영원한 생명의 면류관이란
상급이 주어지네

인내!
믿음의 인격이 낳은 덕목
입에는 썼는데
열매는 꿀맛 같아

회고

양지바른 언덕 아래
팔짱끼고 해바라기하는
백발에 쪼그라든 어른들을 본다
내 마음이 쓸쓸해진다
나도 때가 되면 저들같이 되겠지 했는데
어느덧 내 꼴이 저들과 같이 되었네
아무리 미화해 봐도
젊음의 영상은 돌아오지 않네
뒤를 돌아볼 때
따라오는 사람 아무도 없었는데
한순간 획 하고
젊은이들 한 떼거리가
나를 제치고 저만큼 앞서 가더니
삽시간에 까맣게 떨어졌네

팔팔하게 움직이는 젊은이들의 모습

깡충깡충 뛰며 장난치며 지나가는 아이들의 모습

나도 저런 시절이 있었을 터인데

아! 부럽다 부러워

아이들아! 젊은이들아!

젊음의 소중한 때를 낭비하지 말아라

천부께서 주신

숨겨진 소질과 재능을

열심히 갈고 닦아라

나는 지금

석양이 떨어지기 전에

낙조의 황홀한 붉은 빛을

온 하늘에 펴보려고

꿈을 꾸고 있소

나이는 잊고

오직 오늘만 생각하며

늙은 젊은이

그렇다
나는 80년 묵은 흙집에 산다
그렇지만
보이지 않는 젊은이도 산다
비록 몸의 세포는
북극 빙산이 녹아떨어지듯
부서져 내림을 느낀다

그러나
보이지 않는 청년의 생각은
여름철 같아
낡은 보따리 속에는
골동품들이 들어 있지만
다들 거들떠보지도 않네
무관심이 흘러가는 동안
녹스는 것이 아쉽네

무겁거든

백지장에 내려놓고 가지

나 이제 영적 부자로

속사람이 날마다 젊어지며

늙은 젊은이가 되어

기죽지 않고

살아가련다

꿈

사람들은 가슴에
크고 작은 꿈 다 품고 살지
꿈은 그대들의 생명이니
절대로 포기하지 말게

아니 하늘 높이 궤도에 꿈을 실어 올리게
인공위성이 지구를 돌 듯
궤도에서 돌고 또 돌리게

밤에는 달빛 속에 꿈을 숨쉬며
낮에는 해와 구름 사이에 피어오르는
무지개를 바라보면서
태풍이 지울 수 없게
구름이 가리우지 못하고
세월이 따라잡지 못하도록
영혼이 희락의 날개를 펴

너울너울 꽃씨를 뿌리세

생의 바퀴는 쉬지 않고
덜커덕 덜커덕거리며
태양이 지평선에 떨어지든 말든
영원을 향해
구르고 또 구르고 멈추지 마라
꿈이 꼭 현실이 되리니

새 것을 찾는 사람들에게

하룻밤을 지나니

새날이 되고

또 하룻밤이 지났는데

새날이라 하네

새날이 연속되니

새달이 오고 새해가 오네

어제의 태양이 오늘과 같건만

밤과 낮이 바뀔 때마다 새롭다 하네

나날이 새로운 날을 맞고 사는 인생들은

얼마나 새로워졌나

기회가 오면

새로워지자

개혁하자

바꾸어 보자

목이 터져라 부르짖건만

자신들은 얼마나 바뀌고

세상은 또 얼마나 새로워졌나
남의 공은 여지없이 즈려밟고
어제의 역사는 모조리 악이라 단정하고
자기만이 잘났다고
북치고 나팔부네
출세의 욕망 때문인가
이웃을 속이지 말아요
잠시 후면 진실이 밝혀질 테니

인간들은
바꾸어지는 듯했다가
다시 원점으로 돌아오고
새로워지는가 했더니
여름철 생선처럼 다시 썩어버리네
황금 도깨비에 혼이 뺏겼는가

십자가 없는
변화의 절규는
허공에 맴돌다 흩어지는 돌개바람 같아

낡은 날이 새날이 되고
새날이 낡은 날이 되어도
태고로부터 변치 않는
하늘과 땅을 지배하는
삶과 죽음을 갈라놓는
보석 같은 진리가 하나 있지

멋부리고 으스대며
양파 껍질만 벗기다 가지 말아요
생명으로 충만한 씨알
진리의 원조를 찾아봐요
그리고 조용히 그 진리 안에 노크 하고 들어가세요

보이지 않는 것을 보고
듣지 못했던 소리를 들으며
잡히지 않는 것을
영감으로 잡아보세요
그 순간
허화시의 가치관이 온통 바뀌리니
거기에서
인생은 홀연히 거듭나고
모든 것이 새것으로 탄생되리라

어서 가서
찾아봐요
심산유곡으로 가지 말고
속세의 낮은 곳으로 가요
인생을 낭비하지 말고

세 발 인생

동해에서
붉게 떠오른 태양이
서해 수평선에서 잠들고
별빛과 달빛 사이로
밤물결이
은하수로 흘러가는 동안
나도 모르게
청춘은 가버렸고
백수白鬚만 남았네
허! 허!
이마엔 잔주름이 물결치고
볼엔 실개천이 흐르네
기와집 기둥같이 꼿꼿했던 척추는
어느덧 구부러지고
세 발 인생이 되었네

인생길 구비구비
오늘도 늙은 소걸음으로
터벅터벅 걸어간다
그래도 한탄하지 않으리
순간이야 순간!
지나간 후에야 알았지

욕심의 베일에
눈이 가려진 인생들
춘몽春夢에서 깨어날 때쯤
후회의 한숨을 내쉬겠지
보통 사람들이 다 그런 걸

내일을 위해
준비하는 사람들이
얼마나 오갈까?

진리에 목말라
영생의 우물을 파는 사람은
몇몇이냐

물질과 정욕의 썩은 냄새에
쉬파리처럼 코를 박고
허우적거리는 인생이 부지기수인데
진리의 백합화 향기에 취하여
생명의 환희를 노래하는 인생은
새벽하늘에 지각생 같은 별

사고思考의 방석에 조용히 앉아
마음을 가다듬고
천상의 복스러운 영음을 들으니
영안이 번쩍 뜨이네

그리고
저 하늘에 반짝이는 영원한
별빛이 보이네

아! 저 별빛이
내 마음의 어두운 그림자를
모조리 몰아내고
순례자의 가슴에
광명과 희열로 채워주네

이제는
십자가를 지고 가는 길에서도
괴로움도 두려움도 없이
허화시의 유혹의 손짓도
잘난 사람의 비웃음도
아랑곳없네

폭풍이 불어와도
잔잔한 마음의 호수엔
요동이 없고
감사의 바람에
찬송의 물결만 출렁이네

오늘도
세 발 인생은
영원한 본향을 향해
시계 바늘이 가건 말건
웃으며 천천히
걸어가리…

인생을 둥글게

둥근 우주 공간에
둥근 지구촌이 있네
70억이 넘는 인생들이
여기저기 바글거리네
시냇가 자갈돌처럼
둥글둥글했으면 좋으련만
아니야 그것이 아니야
눈을 붉히며
신경에 각을 세우며 사네
밥그릇 때문인가 봐

날이 갈수록
사랑은
메말라 터진 논바닥 같고
인심은
삭풍에 낙엽진 가지 같고

정신은
나사 풀린 엔진 같네

세상은 둥근 공간이지만
인생은 네모졌네
사람은
마음가짐의 시각 따라
가치관 이념에 따라
천차만별 삶의 태도가 바뀌네

서로가 마음의 언덕에 깃대를 꽂고
자존심의 깃발만 펄럭이네
그 아래서
서로 갈등 미움 질투 다툼과 싸움의 판을 벌이지
세상은 온통 '카오스'의 안개로 덮이고
판단이 흐려진 민초들은

삶을 찾아
제멋대로 허우적거리네

인생은 짧은데
이렇게 살아서야
진리까지 들추지 않아도
조금씩만 조금씩만
마음의 문을 열고
나보다 남을 위하는 배려
서로 존중과 이해를 나눌 수 있다면
노아의 비둘기는 감람 잎새를 물고
누구의 팔에라도
날아와 앉으련만

새로운 인생이 그리워요

태양은 옛 태양이지만
밤을 지나 동창이 밝아오면
새 태양으로 바꾸어지고
지구도 옛 지구지만
12시간만 지나면
새 지구로 바꾸어지네

지구가 태양의 주위를 도는 동안
날이 밝으면 새날이라 하네
새날이 쌓여 366일 되면
새해라고 하지
시간이 지나가면
새 것이 낡은 것이 되고
낡은 것이 또 새 것이 되네

만물도 계절이 바뀔 때마다

새 옷을 갈아입네

봄이 오면 꽃으로 갈아입고
여름이 오면 녹음으로 갈아입고
가을이 오면 단풍으로 갈아입고
겨울이 오면 백설로 갈아입네

자연은 때를 따라 새로워지는데
인생은 목욕을 해도 새로워지지 않고
새 옷을 입어도 새 사람이라 하지 않고
성형수술하고 새롭게 단장해도 새 사람이라 하지 않네
새날 새해가 백년 흘러가도
겉과 속이 여전히 옛사람 그대로네

선구자들이
새로운 인생되어 보자고
하나님 사랑 인간 사랑 자연 사랑을

아무리 외치건만

머리에 맴돌다 사라지고

가슴에 느낌도 미치지 못하고 행동은 우이독경이네

동물적 본능의 포로되어

죄악의 감옥에서 벗어나지 못하고

낡고 병들어

부유한 인생으로 먹다 가는 사람

헤아릴 수 없네

인생은 만물지중萬物之衆에 최귀最貴한 존재라는데

어리석은 자들이 왜 그렇게 많을까

지식을 갈망하는 자는 많은데

영성에 눈뜬 자는 소수이고

물질 우상에 매혹되어 따르는 자는 많은데

창조주 하나님을 경외하고

영적 생명에 관심가진 자는

왜 그리 적을까

세상에 소문난 뉴스를 듣기 좋아하는 사람은 많은데
하늘나라 복음의 뉴스를 경청하려는 자는
왜 그리 소수인고

인생이 새로워지면
주위 환경도 새로워지고
이웃과 사회도 새로워지고
역사도 새로워지고
어두운 세상이 밝아질 터인데
인생이 새로워지는 길은 어디 있을까

나는 보았네
야훼의 계시의 영감을 받아
1,600년 기록한 성경이란 고전을
그 말씀의 숲속에 황금보다 더 보배로운
인생이 새롭게 되는 진리의 꿀단지가

준비되어 있는 것을

갈보리 산 십자가 앞에 나아가

죄짐을 풀어 놓고 회개의 눈물을 쏟으면

십자가의 보혈로 씻음받고

성령으로 거듭나 심령이 새로워지고

말씀의 생명의 떡을 먹고

성결의 인격으로 성장해갈 때

옛 인생은 벗겨지고 새로운 인생으로 변화된다오

새로운 인생은

절대자 하나님이 의롭다 인정하고

성령은 새로운 피조물 됐다고 인치시고

예수님은 너는 내가 피로 값주고 산 내 것이라 하시네

새로운 인생의 삶은

사랑과 섬김의 삶으로 변하고

빛과 소금이 되어

세상을 변화시켜 간다오

사랑하는 동포 여러분

이 세상 만백성들이여

나도 살고 당신들도 살고

모두가 더불어 사는

평화의 세상을 만들어보지 않으렵니까

모두가 서둘러

말씀의 숲속으로 뛰어들어가

진리의 보배로운 꿀단지를 찾아봐요

굶주린 사람이 만나를 찾고

목마른 사람이 샘물을 찾듯

찾은 사람은

가슴이 터질 듯 기쁨이 충만하고

얼굴엔 영원히 시들지 않는 함박꽃이 피어나리라

인생이라는 훈련

세상은 인생의 훈련장이라네
출생으로부터 떠날 때까지
네 종류의 훈련을 받다가
중도에 퇴장하고 마네

첫 번째 훈련은 육체적 훈련으로
세상에 나오자마자 팔 다리부터 움직이고
조금씩 자라가며
배밀이로 앞으로
네 발로 기고 두 발로 서고
아장아장 걸으며
비틀거리며 뛰는 운동으로
훈련을 거치며 자라네

아이로 성장하면서
머리 어깨 무릎 발 하다가

율동 체조 달리기 줄넘기 댄스 무용 발레

배드민턴 탁구 테니스 철봉 평행봉 도마 역도

배구 농구 축구 야구 럭비 수영 수중발레 스키 스케이트

남녀노소 각자 자기의 기호 재능 취미 능력에 따라

육체적 훈련 연단 안 하는 사람 누가 있나

장년 중년 노년의 고개를 넘으면서도

무병장수를 소망하면서

사지백체四肢百體를 움직이며 살아가네

운동은 건강을 해산하고

건강은 생명을 파수하네

모든 소유 다 잃고도 살 수 있지만

건강을 잃으면

세상 만사는 바벨탑이 되고 마네

쉬다가 잠들 때까지

육체 훈련만 계속하다 가네

아흔의 고개 마루에서

아흔의 고개를 올라서니 사심私心이 없어지네
욕심도 미움도 시기도 질투도 분쟁도
다 날아가 버렸네

어미 품 안에 안긴 아기들
엉금엉금 기어다니는 유아들 유치원에서 뛰노는 아이들
내 증손 같고
조잘대며 지나가는 소년 소녀 청년들은
내 손자들 같고
서른의 중년 장년들은
내 아들딸 같고
예순을 넘어 일흔, 여든의 노년 할아버지, 할머니들은
내 동기같네
모든 사람들이
다 귀엽고 사랑스럽게 보이네
사람마다 자기 중심의 사심을 추방한다면

세상은 평화롭고
아름다운 지구촌이 될 터인데

사람들이 자기를 철갑으로 둘러싸고
자기 깃발을 높이 올리고
입을 크게 벌려 남의 소리는 깔아 뭉게니
사랑과 이해와 관용의 꼬리는 끊어져 버리고
사회는 조각나 버리고
국민은 내 편 네 편으로 갈라져 버리고
성장과 번영의 만월은 제대로 자라지도 못한 채
그믐달로 기울어가네
망월의 슬픔을 면하려면
십자가를 가슴에 안는 것밖에
아흔의 고개를 올라가 보든지

4부

믿음을 노래하다

아·흔·의·잠·언

인간의 생명

사람의 생명은 아름다워
어찌 조물주께서 이토록
인생을 아름답고 신묘하게 지었을까
보면 볼수록 다양한 모습의 조화가 아름다워

서로서로 내 몸같이 아끼며 사랑하며 살아야지
그런데 어리석은 인생들은
자기의 아름다운 가치를 모르는지
스스로 탐욕의 시궁창에 몸을 던져
추태를 부리네
아름다운 사람이라면 지나온 발자취도 아름답게 남겨야지

사람의 생명은 고귀해
하나밖에 없고 일회밖에 없기 때문에
쏜살같이 빠른 광음의 순간
가장 선하고 의롭고 의미있는 삶을 지키며 살아야 해

나보다 남을 위해
올라가는 것보다 내려가려고
커지려는 것보다 작아지려고
높아지려는 것보다 낮아지려고
존경을 받으려는 것보다 섬기려고
그렇게 살면
그물에 걸리지 않고
독수리처럼 창공에 날으리

사람의 생명은 자기 것이 아니야
내가 세상에 온 것은 오고 싶어 왔나?
대한민국 사람이 된 것은 되고 싶어 됐나?
남자로 혹은 여자로
가난한 가정에 혹은 부잣집 가정에
태어난 것은 나의 선택이었나?
아니야 절대로 아니지

그러니까 내 생명은 내 소유물이 아니라오

인간의 생명은
창조주이신 하나님이 주신 선물인 것을
믿고 싶지 않아도 믿어야 해
옛 사람들도 인명은 재천이라 하지 않았나
인간의 생명의 주인은 내가 아니고
창조주 절대자이신 하나님이 주인이시라오

억조창생은 천하를 주어도 바꿀 수 없는
존귀한 생명 선물을 조물주로부터 받고 살고 있소
하늘을 향해 머리를 곧추세우고
숨을 쉬며 말할 줄 아는 인생은
나의 생명의 주인이신 하나님께
감사 또 감사 찬양 또 찬양하며 영광을 돌려야 하오
이것이 인생의 본분이기에

인간들이 생명이 자기 것인줄 착각하고
삶이 힘들면 자기 생명을 스스로 포기하는데
이는 살인과 같은 범죄라오
생명은 자기 소유가 아니기 때문에

생명을 죽이지 말아요
자기 생명이건 남의 생명이건
죽는다고 모든 문제가 끝나는 것이 아니라오
죽으면 하나님의 긍휼의 용서받을 기회를 상실한다오
최귀한 선물을 무참히 버렸기 때문에
최악의 험한 지옥의 불 못에 버림받게 된다오

생명은 영원한 존재요
인간의 생명은
어머니 뱃속에 사는 1차원의 세계가 있고
세상에 태어나는 2차원의 세계가 있고

육의 생명이 끝날 때 영이 사는 3차원의 세계가 있소
2차원에 사는 생명은 1세에서 120세까지 한계가 있지만
3차원의 세계는 천국과 지옥이 있는 내세인데
천국은 영생의 세계요
지옥은 영원히 고통 속에 사는 세계라오
무준비 무계획 무목표로
풍세 따라 물결 따라 부평초浮萍草같이 산사람은
지옥에서 고통으로 영생할 것이요
하나님의 사랑을 깨닫고
그리스도의 십자가의 도를 믿고 따르는 자는
천국에서 영생할 것을

공기는 보이지 않아도 존재하는 것을 믿으면서
천국 영생은 보이지 않는다고 못 믿는가?
원자력은 보이지 않아도 믿으면서
창조주 하나님은 보이지 않는다고 안 믿는가?

영의 잠에서 깨어나

하나님이 보내신

복음의 편지를 읽어 보세요

여명의 아침을 기다리며 웃을 수 있으리라

타락에서 회복으로

아! 인생이 왜 저럴까

감정이 파고가 높아지면

불의도 정당화하고

이기심에만 집착하면

형제도 이웃도 눈에 보이지 않네

욕심이 발동하면

온갖 죄악의 수렁에 빠져 버리고

증오의 안개가 피어오르면

살인마가 나타나 눈총을 쏘네

혈기의 동산은 잿더미가 되고

천벌을 받을 줄 알면서도 벌 받을 짓하고

죽을 줄 알면서도 죽을 일 하네

악질의 인생들이

지구상 놀이터에서 판을 치네

태초에

티없이 아름다웠던 인생은
어디로 가고
에덴동산도 텅 비어 있네
아! 이럴 수가
어느 날 사탄이 날린 시험의 화살에
아담과 하와가 맞아
동산 밖으로 굴러 떨어졌네

그때로부터
부패한 성품의 온상에서
죄악의 씨앗은 싹트고 자라나
온 세상을 덮었다오
그 잎새가 뿜어내는 독소에

인생들은 악질의 병에 걸려
허둥대다

낙엽처럼 떨어지네
아! 비애의 소낙비가 가슴을 때리네
이것이 마지막 운명인가

절망의 태산을 넘어
이천 년 전 어느 날
이스라엘 베들레헴 밤하늘에
빛나는 큰 별 하나 나타났지

아! 저 별
하나님의 사랑을 한아름 안은
메시아의 별
인류를 죽음으로 이끄는 죄악의 병에서
구원해 주실 소망의 별
말씀이 육신이 된 별이라오
33년간 땅 위에 머물며

천국과 지옥 하늘과 땅 생과 사의 진리를 선포하며
자애의 손길 펴
가난하고 병들고 천박한 죄인들을 섬겼지
그런데 이게 웬일인가
하나님을 제일 사랑한다는 사람들
제사장 율법사 바리새인들이
하나님의 아들 예수 그리스도에게
십자가를 지웠네
원통해라 원통해 이럴 수가
그러나 이것이 오묘한 하나님의 뜻이요 경륜일 줄이야

어린양같이
아버지의 뜻을 순종하여
억조창생의 죄짐을 대신 홀로지고
십자가에 달려 대속의 피를 흘려주셨네
아가페의 사랑 때문에

태초부터 숨겨둔 비밀의 보배함을
이제 열어 보여준 복음의 선물이네
정수리에서 발바닥까지
터지고 상한 인생들이
믿음의 손을 내밀어
그 은혜의 선물을 받기만 하면
옛사람의 악질의 옷은 순간에 벗겨지고
십자가 보혈로 세탁된
흰 옷을 입게 된다오
아! 새 옷을 갈아입은 기쁨과 감격 비길 데 없네

그로부터 성령으로 중생된 새로운 피조물되어
순간순간 자기를 십자가에 못 박으면
진선미의 거룩한 하나님의 형상을 회복하고
에덴동산도 다시 찾으리

지하철

서울시 지하철 지도를 보면
거미줄같이 짜여 있네
지도 한 장 들고 나서면
수도권 어디든지 갈 수 있네
노인들은
가고 싶은 대로 훨훨 소풍을 즐길 수 있네
아! 이런 축복이 어디 있으랴

그동안 시민들의 발을 위해
두더지 작전으로 땀 흘린
기사들과 노무자들에게
노인복지 관심을 가져준 나라의 은혜에
머리 숙여 감사하고 또 감사하오

지하철이 없었다면
수도권 시민의 생활은

교통지옥에서 아우성쳤을 것을
노인들은 동력을 잃고
노인정에 모여 담배 연기 속에 허송세월했을 것을
생각해 보면
지하철을 노락철老樂鐵이라 부르고 싶네

철마가 플랫폼으로 고동을 울리며 들어오자
많은 승객들이 쏟아져 내리고
줄지어 기다리던 사람들이 잽싸게 올라탄다
역마다 도착하면
많고 적은 사람들이 내리고 타고
차 안에는 승객들이 와글와글하네
몇 정거장 지나다 보니
기존 승객들은 거의 다 내리고
새로운 승객들로 채워졌네

나그네 인생들의 질서와 다름이 없네
지구의 열차가
끊임없이 태양의 주위를 도는 동안
늙은 승객들은 어느새 다 내리고
새로운 젊은 승객들로 채워지네

6천 년 인류 역사에
헤아릴 수 없는 나그네 인생들이
지구 열차를 타고 왔다가 가버리고
새로운 나그네들이 빈자리를 채웠다가 또 가버리고
오고 가고 타고 내리고
비웠다 채우고 채웠다 비우고 연속이었지

지하철 인생이나
지구 열차 인생이나
그 인생이 그 인생이지

목적지이든 종착역이든
내려야 할 때가 오면 내려야지

나그네 승객들이 명심해야 할 것 하나 있지
재물이 많다고 자랑하지 말아요
권세 가졌다고 절세가인이라고
영웅호걸이라고 무병건강하다고
지식 많은 학자라고 남보다 잘났다고
자랑하지 말아요
종착역에 가면
모든 보따리는 다 내려놓고
빈손으로 하차해야 하는 것을

인생은 무덤이 종착역이 아니고 중간역이라오
중간역에 내리면 알게 되오
마지막 종착역으로 가는 차

한 대는 천국행 영생 열차요
다른 한 대는 지옥행 절망 열차라오

선택권은 자기 소원대로 승차하는 것이 아니고
입국 심판관의 뜻을 따라야 한다오
이마와 가슴과 손바닥에
십자가의 표적이 선명한 사람은 영생 열차에
없는 사람은 절망 열차에 오르게 된다오

당신은 지구 열차를 타고 오는 동안
무슨 생각에 빠져 무슨 일을 해왔소?
혹시 허공에 뜬 무지개만 바라보고
해가 지는 줄은 알면서도
막차가 어디로 가는지는 몰랐나봐
잘난 척하며 떠들지 말고
인생 공부 좀 더 깊이 해봐요

신앙시조

과학이 좋다 한들
성경보다 더 좋으랴
학문을 쌓고 쌓으면 지식인은 될지라도
인간이 되는 것은
성경만 못하리라

욕심이 잉태되면
죄악밖에 더 낳으랴
죄악이 자라나면 죽음밖에 더 있으랴만
살기를 원한다면
십자가 앞으로 달려가 보세

은혜로 구원받은 몸
값없이 봉사하리
인생길이 길지 않으니 허송세월하지 말고
사람들 칭찬 못 받아도

선한 씨만 뿌리다 가세

유혹의 바람 솔솔 불어와
홀로서기 어렵도다
정신 차려 곧게 서려해도 내 뜻대로 안 되나니
성령의 도움 없이
자신을 이기지 못하리라

21세기 지구촌 마을에
70억 인구가 산다는데
사람다운 사람이 얼마나 될꼬
사람다운 의인이 되려면
진리대로 살아보세

세상살이 어렵다고
남의 탓으로 돌리지 마오

게으름 떨쳐 버리고 뜻을 세워 노력하면
고진감래할 터이니
근면과 성실로 살아보세

예수님을 목자 삼아
믿고 따르기만 하면
푸른 초장에서 생명의 꼴을 먹지만
제멋대로 사는 사람은
길 잃은 양과 같으리라

인간만사 작은 일도
내 뜻대로 안 되나니
걱정이 태산이라도 낙망하지 아니하고
천부께 믿고 맡기면
모든 일이 풀리리라

황금을 탐하지 마라
탐심이 부자 되게 못하나니
이웃을 사랑하고 베풀기를 인색하지 아니하면
복의 근원되신 하나님이
그대 곳간을 채우리라

나사 풀린 세상

세상이 왜 이래
부모의 은혜를 물에 새기는 자식들
선생을 구타하는 제자들
친구를 왕따시켜 죽음으로 내모는 학교 폭력배들
어른 앞에 예를 상실한 젊은이들
풋사랑에 속고
신혼여행에 한 길로 갔다가
두 길로 돌아오는 신랑 신부

정욕의 악마에 유혹되어
무자비하게 무차별 성폭행하는 치한들
이마에 땀 흘리는 것이 싫어
빈둥거리며 방황하는 니트족들
입에는 꿀을 바르고
벼룩의 간을 꺼내 먹는 사기꾼들

홍등가 네온사인 아래
도깨비 죽 마시고
여기 저기 뻗어 있는 청춘남녀
손이 발이 되도록 모아 놓은 남의 재물을
강도질하는 불한당들
동물적 본능대로 사는 막가파 인생들
나사 풀린 인생들이 아닐까?

자기는 배 터지도록 먹고 즐기고
굶어 죽는 백성은 무관심한
독재자가 좋아 따르는 붉은 머리 깡통들
나사 풀린 사람들이 아닌가?
동서남북에서 끊임없이 출몰하네
이 무리들이
태평사회에 많은 걱정 근심의 쓰레기를 쏟아붓네

내일의 안전을 위해

풀린 나사를 조여야지

무엇으로?

말씀의 드라이버로

엇박자 인생의 고민을 풀다

인생의 가슴 깊은 저변엔
양심도 있다지만
사회의 혼돈은 짙어만 가고
문명 세계는 밝은 듯하나
영계의 밤은 깊어만 가네

교만보다 겸손이 나은 줄 알면서도
강함보다 온유함이 더 좋고
성급함보다 인내가 더 유익하고
제사보다 순종을 하나님이 더 기뻐하고
과거보다 현재가 더 중요하고
금보다 믿음이 더 보배롭고
외면의 미보다 내면의 미가 더 아름답고
높음보다 낮음이 더 평안하고
대접받는 것보다 섬김이 더 귀하고
받는 것보다 주는 것이 더 복이 있고

이기주의보다 이타주의가 더 존경받고
분노보다 웃음이 더 건강하고
미움보다 사랑이 더 인간답고
싸움보다 평화가 더 안락하고
이생의 자랑보다 천국 영생이
더 좋은 줄 알면서도
실천 못하는 인생들
엇박자 인생들로 살아가네

아무리 고민해도
위선자를 면할 수 없네
원인은 원조 인생이 범죄 타락으로
그 죄악의 유전자가
가슴에서 가슴으로 흘러내려
정상이 비정상으로 망가지고
엇박자 인생이 되었네

그러나

실망하지 말아요

창조주 하나님의 사랑의 경륜 속에

인생이 죄악의 멍에를 떨쳐버릴

모든 고생과 수고의 짐을 내려놓을

모든 고민을 벗어던질

비정상을 정상으로 되돌릴

회개와 믿음으로 엇박자를 깨뜨릴 용기까지

최고 선의 새로운 피조물로 살아갈

모든 소망을 이루실 행운의 열쇠가

갈보리 산 언덕

임마누엘의 십자가에 걸려 있다는 것을

말씀에서 멀어진 교회들

예수 믿는 사람들이 왜 그럴까
성경 찬송 끼고 교회가는 모습을 보면
거룩해 보이는데
속사람도 그랬으면

누구나 교회 안에 들어오면
세상만사 근심 걱정 다 던져 버리고
스트레스의 가시에 찔려 상처 받은 것 다 날려 버리고
마음이 평안해져야 할 텐데

예배를 드리며
말씀을 들으면
눈에서 회개의 가랑비도 뿌리고
영혼이 잘되고
새로운 피조물로 거듭났으면 좋을 텐데
그렇지 않아

길바닥에 떨어진 씨앗을
참새들이 다 주워 먹었나 봐

교회는
예수님이 십자가 상에서 흘린 보혈로 세워졌고
주인은
머리 되신 예수님이신데
오래된 터줏대감들이
주인인 듯 으스대네
공동체의 말도 통하지 않고
주의 종의 말도 아랑곳 없네
마귀의 독살에 맞아
양심이 마비된 사람이 다수인 것 같아
문제같지 않은 문제가 일어나면
믿음은 멀리 쫓겨나고
감정들이 선봉장되어

끼리끼리 패를 갈라
왈가왈부 曰可曰否 소리지르며 싸우네

싸우다 싸우다 승패가 안 나면
교회법은 뒤로 돌려놓고
세상 법정으로 끌고가
예수님을 십자가에 다시 못 박고
수모를 자초하네

괘씸하다
마귀는 기뻐 춤추고
예수님은 가슴을 치며 통탄하는
이천 년 전 예루살렘 성전 같은
말씀을 떠난 오늘의 교회의 초라한 양상이 아닌가
아! 슬프고 또 슬프고 부끄럽고 또 부끄러워
얼굴을 들 수 없네

예수님은

나의 멍에를 메고 배우라

자기를 비우고 십자가 지고 나를 따르라 했고

바울은

먹든지 마시든지 무엇을 하든지

하나님의 영광 위해 살라 했건만

말씀의 궤도에서 탈선하여 제멋대로 달리네

신앙과 행위의 엇박자 속에 살면서

산 위에 세운 등대에

검은 커튼을 내리니

세상은 길을 잃고 허둥대네

말씀을 떠난 형제들이여

원수같이 서로 싸우지 말아요

조용히 자문자답해봐요

내가 교인인가 신자인가 성도인가
예수님의 제자인가 사람의 종인가
주 하나님이 살아계심을 믿는가? 안 믿는가?
주님의 재림을 믿는가? 공수표인가?
의인이 복받고 악인이 저주받는 것을
인정하는가? 부인하는가?
복음 전파가 급선무인가? 형제와 싸우는 것이 급선무인가?
마귀의 속삭이는 귓속말을 성령의 지시로 착각하는가?

반성 좀 해봐요 두손을 가슴에 얹고
그리고 말씀으로 돌아와요
마귀가 뿌린 마취약에서 깨어나요

주님이 문밖에 오셔서
문을 두드리는 소리를 들어봐요
시간이 없어요

지체하지 말고 문을 열고 주님을 영접해요
말씀에 절대 순종한다고 무릎을 꿇어요
보좌 왼편에 선 염소가 되지 말고
보좌 우편에 선 양이 되기를

기도 인생

전능하신 절대자 하나님 외에
누구나 기도가 필요하네
인생은 홀로 살 수 없는 존재이기에

내가 세상에 태어날 때
어머니의 사랑의 손길의 도움으로 살았고
자라며 배울 때
부모님의 정성어린 도움으로
선생님의 가르침과 도움으로 성장했지

사회의 일원으로 출발할 때도
친구와 이웃과 선배들의 도움으로
가정을 이루어 살아갈 때도
부부간의 서로의 도움으로
의식주를 위해 생계를 꾸려갈 때도
국가의 정책과 법의 도움으로

기업가들이 창출한 각종 일터의 도움으로
삶을 꾸려가지요

인생은 바람에 흔들리는 갈대와 같이
본능적으로
나보다 강한 의지할 대상인
영적 아버지 하나님을 찾게 되어 있소
길을 가다 돌부리에 걸려 넘어지려 할 때 어머니 하고 찾듯
험난한 인생길에 넘어질 듯 비틀거릴 때
하나님 하고 찾는 기도는
자연적이면서 필수적이라오

기도를 외면하고
비웃고 사는 유물주의자들은
절망의 골짝에 떨어졌을 때
돈을 찾나? 119를 찾나?

아무도 도움의 손길을 펴지 못할 것이요
다만 검은 망토를 입은 불청객만 찾아올 거요
기도 없이 사는 자는
칠흑 같은 밤중에도 등불 없이 걷는 자와 같을 것이요
기도는
어려울 때 뿐 아니라
순탄한 길 갈 때도 필수적이라오
하나님 아버지와의 대화이기에
부모와 자식 간에 대화가 없다면
왕따 당한 고독한 인생이 되어
삶을 헤쳐나갈 용기를 상실할 것이요
대화가 이루어질 때
소통의 인간이 되어
인생길의 매듭을 잘 풀어나갈 수 있으리라
하나님과의 영적인 대화는
만사형통의 열쇠가 되리니

부지런히 두드리는 자에게
문이 열리리라

기도는
영혼의 호흡이라오
육신의 호흡이 멈추면 생명도 단절되듯
기도가 단절되면 영적 생명도 끊어진다오
호흡이 촌시도 쉬지 않고 이어져야 생명이 연장되듯
기도도 쉬지 않고 이어져 갈 때
영적 생명이 산다오 영원히

기도는
내가 실족하여 죄악의 수렁에 빠졌을 때도 필수적이라오
반성하고 회개하는 기도를 드릴 때
아버지의 사랑으로 용서받을 수 있고
재기의 광명을 찾을 수 있소

기도는
큰 은혜와 복을 받고 살 때도
감사의 기도가 필수적이라오
선물 받고도 감사의 예가 없다면
미달 인생이 되겠지

지구상의 70억 인생들은 예외 없이
조물주 야훼의 은혜로 사는 수혜자들이라오
사람다운 사람이라면
감사의 기도는 필수적이지요

기도는
하나님의 뜻대로 살기 위해 필수적이라오
예수님도 겟세마네 동산에서
아버지의 뜻대로 삶을 결정하기 위해
땀방울이 핏방울 되기까지 기도하며

십자가 질 것을 결심했다오
신앙인은 자기 뜻대로 살지 않고
하늘 아버지의 뜻대로 살기 위해
슬기로운 기도를 쉬면 죄가 되오

기도는
인간들의 소원하는 꿈을 이루기 위해 필수적이라오
선지자 엘리야가
무지몽매한 백성들을 깨우쳐
위기에서 구원하기 위해
눈물 마를 날 없이 기도하듯
이 땅에 뜻있는 애국자들과 그리스도인들은
국가의 안보와 위기에 처한 조국을 구원하기 위해
남북의 평화통일을 위해
교회가 교회다운 교회되기 위해
민족복음화를 위해

조국의 번영과 세계 평화를 위해
가족들의 평강과 자녀들의 성공을 위해
기도는 필수적이라오

기도는 만사 성공의 원동력이니
오늘도 조용히 응답을 기다리며
마음과 정성 다해 기도 인생에 몰입합시다

십자가

이천 년 전 유대 땅
갈보리 산 골고다 언덕에
그리스도의 십자가 상이 세워졌네
대제사장 장로들 바리새인들의 선동에
꾀임받은 무지한 군중들의 고함소리에
무죄하신 예수 그리스도는
십자가에 달리게 됐소
잠시 진리가 허위에게 진 것 같았네

한편
하나님의 계획한 선한 뜻은 따로 있었소
인류를 죄와 멸망에서 구원하기 위해
아들에게 죄 짐을 지워 십자가에서 피 흘리게 함으로
인류의 죄를 사해 주기 위한
대속의 제물을 삼은 것이라오
이것이 하나님의 아가페의 사랑의 표현이요

이로부터 십자가는
하나님과 인간 사이 멀어진 공간에
다리가 되어 주었고
실낙원에서 복락원으로 가는 길이 열리게 되었지
누구든지 믿음의 손을 뻗어 십자가를 붙들면

절망자의 소망이 되고
멸망자의 생명이 되고
고통자의 평안이 되고
비애자의 기쁨이 되고
병든 자의 고침이 되고
실패자의 성공이 되고
애통자의 위로가 되고
교만한 자의 겸손이 되고
높아지려는 자의 섬김이 되고
강퍅한 자의 온유가 되고

가난한 자의 부요함이 되고
죄인에겐 구원의 은혜가 되고
마귀와의 전쟁에서 승리자가 되고
선한 싸움 싸우는 자의 영광의 면류관이 되리라
십자가 앞에 나가
무릎 꿇고 기도하면
성령이 가르쳐 주리

종교 철학의 길

인생은 예로부터
도를 깨달은 사람들이 있었지
이들을 성자라고 불렀소
공맹 선생 석가모니 소크라테스 그 밖의 제자백가들

저들은 인생이 가는 길에
촛불의 역할을 했지요
공맹 선생은
윤리와 도덕을 교훈하며
인생의 삶의 길에 선하고 바른 길을 가르쳐 주었고
석가모니는
인생의 생로병사를 깊이 묵상하다가
고행극기의 수도와 좌선을 영겁의 시간으로 닦으면
사후에 극락세계에 갈수 있으리라 설파했고
소크라테스는
자기가 자신을 아는 것이

인생의 모든 문제를 풀 수 있는 지혜자가 되는 것이라고

저들의 철학적 사상과 종교적 가르침이
암매暗昧한 인생들 마음에
깨우치는 작은 불빛이 되었지만
한계를 넘지는 못했소

윤리와 도덕은 현실의 한계에 국한될 뿐
영적 세계엔 미치지 못하고
고행극기의 수도로는 자기를 다스리는 데 역부족이고
자기를 안다 해도 악으로 탈선하는 자신을 막지 못하고

죄를 짓고 죄인줄 알면서도
탈출할 방법엔 유구무언이네
인간들의 수도修道는
비로봉까지 올라갈 수는 있었지만

극락세계란 상상의 꿈에서 끝인 것 같고

철학의 지식도
만물의 원리와 이치를 궁극적으로 파고들었지만
무지의 태산을 맴돌다 나올 뿐이요

공자님은
사후의 세계는 모른다고 했고
역천자逆天者는 망하고 순천자는 흥한다는 말씀을 보아
천자天子는 초자연적 창조주를 의미하는 뜻으로
신神의 개념을 어렴풋이 아는데 그쳤을 뿐이라오

석가모니는
인생의 전생 현생 후생을 말하며
윤회의 교리를 설파함으로

현생에서 최선의 삶을 살아야 한다는 뜻을 밝혔을 뿐이오
소크라테스는
인생의 영혼은 불멸이라는 것까지는 알았지만
그 영혼이 살아서 어디로 가는지는 알려주지 못했소

하나님을 떠난 인본주의 종교철학은
육은 죽어 땅속에 내려가
백골이 진토 됨을 피치 못하고
영혼은 지옥으로 내려가
마왕 앞에 서야 할 정황을 막지 못했소

종교철학은
인류의 선한 삶을 위해
많은 이론을 쏟아내는 데 공헌은 했으나
내리막 인생길을 거슬러 올라가진 못했소
인간의 지혜와 지식의 한계가 깨달아지네

변하는 세상, 변치 않는 진리를 찾아서

태초부터 지구는 돌고 있다
지구가 도는 것에 따라
지구상에 수많은 변화가 일어나네
춘하추동 사계절의 변화가 일어나네
인생의 삶의 모습에도 변화가 일어나네
영아기로부터 유년 소년 청년 장년 중년 노년기를 거쳐
생로병사의 변화가 일어나네

영웅호걸 절세가인도
북극성처럼 제 위치를 지킬 수 없고
권력 재물 명예 영화도
광음이 유수같이 흘러가는 사이
음지가 양지되고 양지가 음지된다오
인생의 바다에 폭풍과 격랑이 일어나면
순식간에 모든 것이
아침이슬같이 떨어진다오

부부의 사랑도 친구의 우정도 이웃의 친분도
손바닥만한 먹구름이 떠오르는 순간
번개가 번쩍이며 우레 소리가 쾅쾅 하더니
찰나에 금이 가고 깨져 버리네
믿고 의지할 사람 아무도 없네

세상의 모든 영화를 다 누리던 솔로몬 왕도
해 아래 수고하여 이루어 놓은 금자탑들을 바라보며
헛되고 헛되고 헛되다고 외쳤지

인생은 적신으로 와서
플러스와 마이너스를 만지작거리며 살다가
제로로 돌아가는 나그네에 불과하네

그러나
낙심도 비관도 말아요

다 헛되도 헛되지 않은 것 하나 있지
다 변해도 변치 않는 것 하나 있지
무에서 유를 창조하신 분
말씀이 육신을 입고 세상에 오신 분
신인 양성을 가지신 신비로운 실존
길이요 진리요 생명이신 분
어제나 오늘이나 영원토록 변함없는 존재로
우리 가운데 현존하시며
만백성의 유일한 믿음의 대상이신
소망의 별이라오

허무한 세상에서 허무하게 살지 않으려면
풀은 마르고 꽃은 떨어져도 세세토록 있는 진리
십자가의 보혈로 인류의 죄를 도말하고
부활로써 영생을 증명하신
그분을 꼭 붙드세요

바다가 모래밭에서 진주를 움켜쥔 것같이
인생의 허무한 꿈은 사라지고
중생의 신바람 나는 삶이
봄동산에 새싹같이 소성하리라

자아 속에서 일어나는 고민과 욕심에서 탈출할 수 없고
사망의 권세를 이길 수 없다면
잘난 체하지 말아요
아는 체하지 말아요
큰 소리쳐도 허공만 진동할 뿐
위선의 껍데기를 다 벗어던지고
어린아이가 어머니의 품에 안겨
젖가슴 움켜잡고 젖을 빨듯

어린아이같이 순수해져요
그리고 그분의 품에 안겨

진리의 젖과 꿀과 생수를
빨고 먹고 마셔 봐요
사막에서 오아시스를 만난 사람같이
삶에 소망의 길이 열리리니

십자가의 복음

흠 없는 어린양은
주인의 죗값을 대속하기 위해
피 흘려 제물이 되듯
하나님의 어린양은
인류의 죗값을 속죄하기 위해
십자가 지고 보혈을 흘렸네

그 피로
인간을
죄악의 속박에서 해방시켰고
마귀의 권세에서 자유케 했고
죄악의 때 묻은 옷을
깨끗이 씻어 주었고
죄의 병에서 치유해 주셨네
죄악의 수렁에서 건져 주셨고
죄악의 무거운 짐을

벗겨 주었네

죄악의 유혹의 벼랑에서 떨어져

피를 쏟고 사경에 헤맬 때

수혈해 주었고

노도 광풍에 파선된 고해에서

구원해 주었네

이로써 장망성將亡城에 유일한 복음이 되었다오

아!

천부의 위대한 사랑의 섭리여

이 생명 다하여 헌신한들

그 은혜 만 분의 하나인들 보답될까

무릎 꿇고 하늘을 우러러 감사와 찬송을

천만번 불러 하늘 보좌에 닿도록

이제

이 복음이 울려 퍼지는 곳마다

사막에서 샘물이 터지고

광야에 젖과 꿀이 흐르고

절망의 언덕엔

교회의 등대가 반짝이고

눈물의 골짝엔

희열의 강물이 흘러넘치네

그 강물이 생명수 되어

마시는 자마다

죽었던 영혼은 살아나고

착한 꽃들은 아름답게 피어나네

의의 숲은

대지를 푸르게 덮어가고

잃었던 에덴동산은 회복되어가네

파랑새를 잡으려다 지친 사람들이여

울지 말아요

눈앞에 보이는 것 없다고

포기하지 말아요
저 신선하고 거룩한 소리를 들어봐요
활기차게 밀려오는
십자가 복음의 파도 소리를

욕심의 구름을 날려 버리라

저 산 너머로
흑룡 같은 구름 떼가
남풍을 타고
성난 군중처럼 모여 있네
삽시간에
파란 하늘과 빛의 왕까지 정복해 버리네

대지는 어두컴컴해지고
꼬부랑 번개가 번쩍번쩍 하더니
우르릉 쾅쾅 우렛소리가
천지를 진동하네

장대 빗줄기가 물 붓듯 쏟아지네
떨어진 빗방울은
여기저기서 어깨동무하고 모여들어
도랑으로 개천으로 강으로 흘러 들어가더니

사방에서 모여든 물줄기가 홍수를 이루네
성난 흙탕물이 소리치며 굼실굼실 흐르며
위세 당당 폭력을 휘두르네

뚝이 터지고 전답을 휩쓸고
가옥도 도로도 파괴하고
순식간에 무자비하게
삶의 터전을 엉망진창으로 망가뜨리네
이재민들은
망연자실하여
땅을 치며 눈물 짓고 한숨 짓네
가슴이 저려오네

서풍아 불어라 불어
신속히 달려와다오
저 먹구름의 폭군을 어서 몰아내고

맑은 하늘
생긋 웃는 햇님의 미소를
다시 보게 해다오

인생도 세상에 올 때
천진난만한 시절이 있었지
그때 그 마음은 맑고 깨끗한 하늘 같았지

네 발 인생이
두 발 인생이 될 때부터
욕심의 구름이 뭉게뭉게 피어올라
순수한 마음을 덮기 시작하더니
인생의 맑은 날은 적어지고
죄악의 폭우가 쏟아지는 날은 늘어만 갔지

자고 일어나면

시도 때도 없이
욕심의 먹구름은 피어오르고
죄악의 소낙비는 멈출 날이 없네
쏟아진 물이 점점 많아지면
삶의 터전에 홍수로 밀려 들어와
인격도 명예도 권세도 가정도 행복도
무자비하게 침몰시켜 버리네
이웃들에게도 해를 끼치고
오천년 묵은 나무도 넘어트리려 하네
천하에 못된 것이 욕심의 먹구름인가봐

이 욕심의 먹구름을
날려버릴 바람은 없는가
인간의 힘으로는 안 되는 것 같아
다만 기도의 제단에서
소리 없이 일어나는 성령의 바람만이

그 초자연적 바람만이
욕심의 먹구름을 산산조각 부서트려
날리고 또 날리고
끝까지 날려버릴 수 있으리

성령의 바람아 불어라 불어
삼천리 금수강산에 불어오라
칠천 만 동포의 마음 밭에도 불어오라

언제나 맑고 개인 하늘 아래
평화의 동산을 만들고
새로운 인격의 집을 짓고
하루 먹고살 '만나'만 있으면
만족하게 웃으며 감사하며 살아보세
아직 늦지 않았으니
깨달으면 되리

본향 길 찾아가는 석양 길 나그네

어제까지
나는 검은 머린 줄 알고
젊었거니 하고 살았는데
흰 머리카락이 지름길로 왔네

염색으로 살짝 덮어 잠재웠더니
요것이 언제 잠에서 깨어나
살금살금 도둑 고양이처럼
사잇길로 오는구나

아이구 못 막겠다 못 막겠어
올 테면 오라지
백수밖에 더 되겠나
백수한산白首寒山에 심불로心不老라 하지만
석양이 미끄러져 수평선에 닿아갈수록
심불로는 안개처럼 사라지고

장막 집은 기둥이 흔들리는구나

자연과 시간의 무정한 바람에

석양 길 나그네는

뒷짐지고 멍하니 낙조落照만 바라보며

영원한 본향을 향해 미소 짓네

배우는 인생

세상은 인생의 교육 훈련장이라오
인생은 태어나자
지적 교육 훈련이 시작되네
엄마로부터
엄마 아빠 말을 배우며
죔죔 도리도리
손동작의 운동을 배우며
가정의 유아교육을 거치면
유치원으로 가서
동요 율동 각종 놀이 예의범절 배우며

초등학교에 가면
국어 수학 과학 음악 미술
중·고등학교에 진학하면
점점 높은 단계의
국어 수학 역사 지리 물리 과학 사회 영어 미술 윤리

보통 지식인으로 살아갈 수 있는 학문을 습득하며 성장하네

능력에 따라
대학 대학원 박사 코스로 진입하면
좁고 깊고 높은 전문적 고등지식 교육 훈련을 받네
정규 코스의 지적 교육 훈련 외에도
천차만별의 직업에 따라
전문적 기술 교육 훈련을 받는 젊은이들도 적지 않네
세상이란 훈련장에 들어온 사람들은
누구나 자기 분수에 맞는
지적 교육 훈련을 받으며 살아가지

쓰거나 달거나 생존을 위해
구슬땀을 흘리며 지적 교육 훈련을 받은 사람들 때문에
현대 문명의 꽃을 피웠지

배움은
부모님과 스승뿐 아니라
어린 아이에게서도
친구와 이웃들 사이에서도
삼라만상의 자연에서도
참된 종교의 경전을 통해서도
성현들과 수많은 학자들이 써놓은
수많은 좋은 서책에서도
진선미의 좋은 진리의 영양소를 흡수하며
참된 인간이 만들어질 수 있지

참된 인간이란
난마 같은 세상을 바로 세울 수 있고
배움의 비타민을 먹는 데 게으른 사람은
밝은 세상을 어둡게 할 수 있네

아는 것이 힘이요 배워야 산다는 금언을

가슴에 품은 사람은

한번 왔다 가는 지적 교육 훈련장에서

검은 머리 백발이 되고

곧은 허리 구부러지고

귀가 어두워지고

창문이 닫힐 때까지

두뇌의 창고에 지식의 보물을 쌓고 또 쌓아 가지

그러나

달리고 달리고 아무리 달려가도

지식의 교육 훈련장은 끝이 보이지 않네

어느 새

세월이 흘러 아흔의 고개를 넘어가면

자기도 모르는 사이

지식의 보물은 솔솔 다 빠져나가네

지난날 알았던 것이 생각이 안 나네

그러나 실망하지 말아요
갖고 갈 수는 없지만
남겨두고 갈 수는 있네
젊은 날의 지적 교육 훈련을 받으며
보람된 삶을 살아온
역사적 발자취
높고 낮은 금자탑을
회고하며 추억하며
자위하며 가야지

에필로그

　아버지께서는 유년 시절부터 '가장 가치 있는 삶은 영혼을 구원하는 일'이라고 생각하셨습니다. 그리고 그 가치를 따라 평생 주의 종으로 사명을 감당하며 살아오셨습니다. 30년을 한 교회에서 시무하며 원로목사로 은퇴하는 것은 그리 쉬운 일이 아닙니다. 아버지의 목회 철학을 한 단어로 표현한다면 그것은 '인내'였습니다. 목회자에게는 세상 어떤 것보다 인내라는 덕목이 필요한 것 같습니다. 인내의 결과는 곧 화평한 교회로 귀결됩니다. 그리고 교회가 화평할 때 세상에 빛을 발하고 영향력을 끼칠 수 있습니다.

　이제 저도 한 교회의 장로가 되어 아버지가 평생 걸어오신 길을 돌이켜 보면 목회란 결코 쉬운 길이 아니었음을 새삼 느끼고 더욱 고개가 숙여집니다. 그래서 이 모든 것을 가능케 한 것은 오직 하나님의 은혜였음을 고백합니다.

　평생을 목회자로서 한 길만 달려오신 아버지는 은퇴 후에도 여전하셨습니다. 늘 책상 앞에 앉아 무엇인가를 끊임없이 연구하셨습니다. 그 열매가 바로 시집입니다. 평소 설교 준비하시던 열정으로 만들어내신 시들을 모아 산문 시집을 엮었습니다. 다양한 주제로 시를 쓰셨습니다. 자연의 법칙, 하나님을 모른 채 살아가는 인생들에게 전하는 복음, 그리고 나라를 사랑하는 마음까지 모든 것을 시로 풀어내셨습니다.

영혼이 잠든 사람들

복음의 나팔 소리에
영혼의 잠에서 깨어나
정의가 하수같이 흐르는 세상을 열어가 보세
인생이 살았다고 산 것이 아니며
죽었다고 죽은 것이 아니라오
살면서 하늘을 향해 부끄러움이 없고
죽어서도 청사에 발자국을 남기면
폭풍이 불어와도 지워지지 않으리

아버지가 쓰신 '영혼이 잠든 사람들'이라는 제목의 시 중에 한 구절입니다. 살아 있으나 영혼은 잠든 사람들을 깨우는 '새벽 닭소리'와 같은 시입니다. 시 같은 설교, 설교 같은 시입니다.

이 시집이 믿는 자들에게는 힘을 주고 믿음이 없는 자들에게는 깨우침을 주며, 은퇴하신 목사님들에게 은퇴는 또 다른 시작이라는 힘과 용기가 될 줄 믿습니다.

아버지께서는 늘 자녀들을 앉혀놓고 그동안 쓰셨던 시들을 읽어주시는 것을 큰 기쁨으로 여기셨습니다. 앞으로도 계속 새로운 시를 낭독하는 아버지의 건강한 모습을 보는 기쁨을 누리길 소망합니다.

마지막으로 어머니 김병옥 사모가 쓴 '연산홍'이라는 제목의 시로 글을 맺고자 합니다. 어머니는 아버지만큼이나 시를 사랑하고 즐겨 쓰곤 하셨습니다. 이 시를 나누며 시집을 읽는 모든 독자들과 함께 하나님을 높여 드리길 원합니다.

2016년 10월
방효성

연산홍

김병옥

꽃피고 잎피고

향기 풍기고

그 아름다운 자태

그 순수함에 이슬이

그 선함에 이슬이

너희 신선함이 나의 것이

너의 순수함이 나의 것이

그 아름다움도 나의 것이

오늘도 창조주 하나님께

찬양과 감사와 기도를…

아세아연합신학대학원대학교 박사 학위 수여식 • 1985

어버이날 기념 모임 • 2008

'송학대교회' 예배 축도 • 2010

어버이날 가족 모임(3남 1녀와 손자손녀들) • 2015

아흔의 잠언

지은이　　방관덕

2016년 10월 13일 1판 1쇄 펴냄

펴낸곳　　도서출판 예수전도단
출판 등록　1989년 2월 24일(제2-761호)
주소　　　경기도 고양시 일산동구 호수로 340-11, 301호 (백석동)
전화　　　031-908-9987 · **팩스** 031-908-9986
전자우편　publ@ywam.co.kr
홈페이지　www.ywampubl.com
임프린트　와웸퍼블

ISBN 978-89-5536-518-4

와웸퍼블은 도서출판 예수전도단의 임프린트입니다.
책값은 뒤표지에 있습니다. 잘못된 책은 바꾸어 드립니다.